Michael Biron

Enthüllungen aus der geistlichen Welt

Michael Biron

Enthüllungen aus der geistlichen Welt

ISBN/EAN: 9783743346314

Hergestellt in Europa, USA, Kanada, Australien, Japan

Cover: Foto ©Lupo / pixelio.de

Manufactured and distributed by brebook publishing software (www.brebook.com)

Michael Biron

Enthüllungen aus der geistlichen Welt

Enthüllungen

aus der geistlichen Welt.

Von

Michael Biron,

früher Hospitalpfarrer, jetzt Herausgeber des „Freidenke

Motto: „Nichts ist so verhüllet, was nicht aufgedeckt,
nichts so verborgen, was nicht offenbar werde."
Matth. 10, 26.

Dritte Auflage.

Graz.
Selbstverlag des Verfassers.
1870.

Vorwort.

Der Entschluß, meine „**Enthüllungen aus der geistlichen Welt**", welche 1863 zu Frankfurt a. M. in erster und 1864 in zweiter Auflage erschienen und ein so großes Aufsehen in der katholischen Kirche erregten, in neuer Auflage erscheinen zu lassen, kostete mich nicht geringe Ueberwindung. Die in dieser Schrift enthaltenen Darstellungen bewegen sich in einem mir jetzt fast gänzlich fremd gewordenen Gedankengang, indem ich, als ich sie niederschrieb, noch katholischer Geistlicher war und nicht die mindeste Ahnung von dem konsequenten Entwicklungsgange meines ganzen Seins und Wesens hatte. Denn daß ich zur Zeit auf einem Standpunkt stehe, von dem aus ich nur mit innerem Widerstreben auf die rabenschwarze Nacht meiner priesterlichen Vergangenheit zurückschaue, brauche ich wohl kaum hervorzuheben. Da ich aber fortwährend von mehrfacher Seite her wahrhaft stürmisch um jene Schrift angegangen werde, so habe ich mich nach langem Zögern zu einer erneuten Herausgabe derselben entschlossen, da ich mir auch sagen muß, daß die in derselben niedergeschriebenen Darlegungen für alle noch in der Sklaverei des Kirchen= und Pfaffenthums schmachtenden Geister viel ersprießlicher sein möchten, als manche meiner derzeitigen literarischen Arbeiten, welche sich mitunter nur mehr für solche Personen eignen, die auf der Bahn der religiösen Aufklärung bereits so weit vorgeschritten sind, daß sie meinen dermaligen Standpunkt verstehen und würdigen können.

Die vorliegende Schrift selbst zerfällt in folgende vier Abtheilungen:

I. Entstehungsgeschichte der „Enthüllungen aus der geistlichen Welt".
II. Acht Briefe aus den Papieren meines geistlichen Oheims.
III. Die inkrimirten Aufsätze.
IV. Meine Vertheidigungsrede vor dem Obergericht.

Graz, im Februar 1870.

Der Verfasser.

I.
Entstehungsgeschichte der „Enthüllungen aus der geistlichen Welt".

Aus dem „Vorwort" ergibt sich, daß ich verpflichtet bin, mit wenigen Worten die Entstehungsgeschichte dieser „Enthüllungen aus der geistlichen Welt" anzudeuten, weil sonst Manches aus denselben den Lesern unverständlich bleiben möchte.

Als Hospitalpfarrer in Mainz, wo ich unter den barmherzigen Schwestern wohnte, und nicht nur allein in sehr vertrautem Umgange mit den klerikalen Führern der ultramontan-jesuitischen Partei, sondern auch im Verkehr mit einzelnen Mitgliedern des Jesuitenordens stand, hatte ich so recht Gelegenheit, die ganze Heuchelei, Brutalität und Nichtswürdigkeit kennen zu lernen, welche unter der erlogenen Hülle von Kirchlichkeit und Religion die Welt zu täuschen sucht und leider nur zu vielfach auch wirklich täuscht.

Treu und fromm der katholischen Kirche ergeben, streng gläubig im ernstesten Sinne des Wortes, — erfüllten diese Wahrnehmungen meine Seele mit aufrichtigstem Schmerz, und ich brannte wahrhaft vor Sehnsucht, die „unfehlbare" Kirche von dem gereinigt zu sehen, was sie verunstaltete. Aus diesem Geiste flossen meine „Enthüllungen", welche als wohlgeführte Streiche die kirchlichen Obern treffen und sie zwingen sollten, das ebenso unkirchliche als schändliche Jesuitensystem zu verlassen.

Es war im Mai und Juni des Jahres 1863, als ich deßhalb in den wenigen Stunden, die mir meine höchst anstrengende geistliche Stellung als Seelsorger der Waisenkinder, der Kranken, der Armen und Invaliden übrig ließ, mich niedersetzte und zuerst, ohne meinen Namen zu nennen, „**Acht Briefe aus den Papieren meines geistlichen Oheims**" schrieb, die anfangs in der Tagespresse und dann im besondern Abdruck als Broschüre erschienen.

Das jesuitische Regim war in dieser, ihrer äußern Form nach belletristischen Abhandlung, mit äußerster Schärfe gegeißelt. Allein die Jesuitenpartei hatte damals weder den Muth, klagend gegen jene Schrift aufzutreten, noch auch sich auf eine Widerlegung derselben einzulassen, da sie eben nichts als die reinste und gewissenhafteste Wahrheit enthielt. Um aber die ultramontane Partei, die gerne jene Broschüre todt schweigen wollte, entweder zu dem einen oder zu dem andern Schritt zu reizen, schrieb ich im Sommer desselben Jahres eine Reihe von Aufsätzen unter dem Titel:

„Enthüllungen aus der geistlichen Welt" wieder in eines der gelesensten Tagesblätter (Mainzer Anzeiger). Die scharfe Sprache, die jene Artikel mitten in der schwärzesten kirchlichen und staatlichen Reaktionsperiode führten, fiel ungemein auf — aber die Jesuitenpartei — schwieg. Sie verhielt sich wie der Fuchs in der Fabel, ruhig, auf eine passende Gelegenheit lauernd, wo sie ihrem verhaßten Gegner einen Eselstritt versetzen und damit der Oeffentlichkeit gegenüber den Schein annehmen könnte, daß sie siegreich aus diesem Prinzipienkampfe hervorgegangen sei. Diese Gelegenheit kam, als im Spätjahr 1863 das genannte Blatt plötzlich mit nicht weniger als mit drei Preßprozessen — wegen politischer „Vergehen" — heimgesucht war. Da kam schnell die bischöfliche Behörde, reihte sich als vierter Associé der Staatsanwaltschaft an, indem sie auf Grund jener Artikel eine Anklage wegen Herabwürdigung der katholischen Kirche erhob.

In Folge jener Anklage wurde ich, da ich kurz vorher aus der katholischen Kirche ausgetreten war, mit einem Preßprozeß beglückt und — unter den damals obwaltenden höchst traurigen konfessionellen und politischen Verhältnissen zu einer dreimonatlichen bürgerlichen Gefängnißstrafe verurtheilt, trotzdem, daß ich, wie die Staatsbehörde zugab, den förmlichsten und vollständigsten Wahrheitsbeweis aller meiner Behauptungen erbracht hatte.

II.

Acht Briefe aus den Papieren meines geistlichen Oheims.

Erster Brief.

Mein lieber Wilhelm!*)

Wieder einmal bin ich mehrere Tage lang in unserm goldenen, lieben Mainz gewesen. Mit seligen Erinnerungen bin ich durch die alten Gassen und Gäßchen gegangen; ich habe die neuen Prachtbauten im Kästrich, in der Rheinstraße u. s. w. angestaunt, ich habe am Abend des Geburtsfestes des Landesfürsten, der gegenwärtig seine Residenz daselbst hält, die neue Eisenbahn-Brücke im bengalischen Feuer so unaussprechlich schön beleuchtet gesehen, daß alle süßen Erinnerungen an die Herrlichkeiten Geneva's und Venedig's in mir fast ausgelöscht wurden. Und dann bin ich am Arme unseres alten und treuen Freundes, des Dr. S., unter der wonnetrunkenen Volksmenge durch die Straßen der Stadt gewallt, die mit Fahnen geschmückt und glänzend illuminirt in einem wahrhaft feenhaften Zauberlichte schimmerte. Meine alten Freunde und Bekannten habe ich in diesen Tagen aufgesucht und in ihrer Mitte wiederum einige der vergnügtesten Stunden meines Lebens verlebt.

Du magst Dir denken und Du ahnst es mit Recht, daß seit den Tagen unserer Kindheit, seit der Stunde, da das Schicksal uns Beide getrennt, sich Manches, ja sogar Vieles geändert habe. Aber befürchte nicht, mein Bester, daß das alte Mainz vom Erdboden verschwunden sei. Weder die smaragdenen Wogen des Rheines haben es in die Tiefe des Höllenkerkers hinabgeschwemmt, noch hat die Pulverexplosion es hinauf gesprengt in die himmlischen Gefilden. Mainz steht noch und ist, trotz aller Veränderungen, die man darin wahrnimmt, das alte goldene Mainz geblieben: trotz Klöster und Klostermauern, trotz Bischof von Ketteler, trotz der neuen Synagoge, trotz der Deutschkatholiken, trotz der Prachtrestauration des Domes, trotz Schwester Adolphe im Invalidenhaus und

---

*) „Wilhelm Emanuel" ist der Vorname des Bischofs von Mainz, an den ich diese offenen Briefe in ganz besonderer Weise richtete. — Ich brauche wohl kaum vorauszuschicken, daß die äußere Darstellung in Briefform eine rein belletristische Ausstattung ist, daß aber der gesammte sachliche Inhalt bis zu seinen kleinsten Einzelheiten auf der gewissenhaftesten Wahrhaftigkeit beruht.

trotz Warburg*) in Untersuchungshaft, trotz Pius= und National=Verein. Was sollen auch ein Dutzend neuer Straßen, oder ein paar Dutzend neuer Häuser, wenn sie gleich wie Wohnungen der Könige aussehen, im Grunde viel geändert haben? Die Eisenbahn fährt längs des Rheines durch die Stadt! Mir fiel dabei wieder ein, wie wir im Winter mit Schlittschuhen auf dem Rheine, so zu sagen in Einem Zuge, pfeilschnell an der Stadt vorübergeflogen sind. Gewiß! poetischer war's und mehr lyrischer Schwung lag in einem solchen Zug, als in zehn, oder ich weiß nicht, in zwanzig Eisenbahn=Zügen, die täglich durch Mainz brausend, zwar nicht die Höhen der Citadelle mit ihren düstern Kasematten, wohl aber die freundlichen Gasthöfe der Rheinstraße in ihren Grundmauern erschüttern**). Ich bin auch auf der Eisenbahn über die neue Rheinbrücke gefahren und habe mich dabei der Zeiten erinnert, wo wir in der heitersten Lust in der Schwimmschule vor dem Neuthor über die Bretterwand springend, so anmuthig behend nach dem jenseitigen Ufer schwammen, daß selbst Hero, obgleich sterbend in ihren Leander verliebt, uns mit schmachtenden Augen von der reizenden Terrasse der neuen „Anlage" herab nachgeschaut haben würde. Ja, reizend ist die Aussicht von der „Anlage" geblieben, wenn auch letztere durch die Gasfabrik= und Eisenbahn=Bauten vielfach verändert beinahe ganz anders geworden ist. Noch immer sieht man von da aus den Main, wonne= und liebetrunken sich in den grünen Rhein ergießen, noch den Taunus mit seinen dunkeln Bergwaldgruppen den staunenden Blick begränzen, noch grüßt Hochheim von goldenen Rebenhügeln herab seinen ehemaligen Herrn, den Dom, der auch noch seinerseits kühn und stolz Wache hält im goldenen Mainz! Und die Kinder, Knaben und Mädchen, lieblichen Anblickes, ein ewiges Morgenroth aus lilienweißen Wangen, den blauleuchtenden Abendstern milde aus ihren Augen strahlend, geschmückt mit aller Holdseligkeit und jeglichem Liebreiz der Natur, sind trotz Gartenfeld und Blumenausstellung, die anmuthigsten und lieblichsten Blumen und Blüthen der Stadt. Die holden Mainzerinnen geben sich

---

*) „Warburg" war eine Zeit lang auf dem Sekretariat der Hospizienkommission in dem unter der Verwaltung der „Barmherzigen Schwestern" (mit der so sehr berüchtigt gewordenen „Oberin Adolphe" an der Spitze) stehenden Invalidenhaus zu Mainz beschäftigt und veröffentlichte sodann seine Erlebnisse in einer Broschüre, die das allergrößte Aufsehen in ganz Deutschland hervorrief. Die Jesuiten klagten diesen Warburg, der auf eine gerichtliche Untersuchung der von ihm veröffentlichten Angaben drang, der Verleumdung an, erwirkten dessen Verhaftung, während welcher plötzlich die unter den „sorgsamen" barmherzigen Schwestern stehende Anstalt am hellen Tage niederbrannte. Ich, der Invalidenhauspfarrer, wurde, da man mein Auftreten befürchtete, aus Mainz entfernt und in mehrere Preßprocesse verwickelt, und der Hauptzeuge für die von Warburg behaupteten großartigen, durch die Nonnen am Vermögen der Anstalt vollbrachten Diebstähle, der Assistenzarzt Dr. Mertens, wenige Tage nach meiner Versetzung in seiner Wohnung (in der Anstalt selbst) erhenkt gefunden.

**) Bei der Schillerfeier zeigte ein Hôtel folgendes Transparent:
Mein lieber, guter Schiller!
Bei uns wird's täglich stiller.
Bald ist's aus mit der Gastgeberei:
Die Gäste fahren uns an der Nase vorbei!

noch immer gerne ihren Lieblingsschwärmereien hin; sie sind gleich reizend im Dom, in der Eilfuhrmesse, im Theater, im „Frankfurter Hof." Sie belohnen mit ihren bezaubernden Blicken den frommen Kaplan in Chorrock und Stola, der vom Himmel und seiner Seligkeit spricht, sowie den Narrhalla-Redner mit Kappe und Stern, der dafür sorgt, daß sie für das Jenseits sich noch Frist vorbehaltend, vor der Hand hübsch Engel der Erde bleiben. Und die Mainzer Männer? Nun, die haben sich gleichfalls um keinen Deut geändert! Nach alter Sitte gehen sie nach Belieben in die Kirche oder bleiben draußen; eine Zeit lang in das „Schloß", um den Hieronymi*) zu hören; eine Zeit lang, den Jesuiten zum Trotz, nach St. Christoph in die Zehnuhrmesse, die von einem alten seiner Liberalität wegen in den Ruhestand „getretenen" Pfarrer daselbst gelesen wird. Um einen protestantischen Beamten zu chikaniren, gehen sie zum Dom in die Predigt des Herrn von Ketteler, und um den Bischof mit seiner jüngern Geistlichkeit zu pikiren, veranstalten sie einem alten von den jüngern Geistlichen für „unkirchlich" erklärten Pfarrer ein glänzendes Jubiläum. Wenn die „Pius-Vereinler" Einen im Schwarzrock wählen wollen, wählen sie ihnen zum Trotz Einen im Frack. Ja, nach dem Sprichwort, **wie die Alten summen, zwitschern die Jungen**, begrüßen die Lehrlinge, kaum gestern der Schule entlassen, schon heute die Geistlichen in ächter Naivität mit ihrem bekannten mittelalterlichen Ehrennamen „Pfaff", um dieselben daran zu erinnern, daß sie nicht gegen Sitte und Brauch, mit Knall und Fall ganz unerhörte Neuerungen einführen sollen.

Ja, mag Vieles äußerlich anders geworden sein — innerlich ist Alles beim Alten geblieben; noch weht die alte Luft, der alte Geist; er durchdringt alle Straßen, und er ruht und rastet nicht, bis er sich alle von Rom kommenden Elemente assimilirt hat. Was aber als undurchdringlich sich geberdet, das stößt er als unverdaubare Speise von sich hinweg, und er wird nicht aufhören zu wehen und wenn es sein muß, zu stürmen, bis die Atmosphäre von dieser fremd bleiben-wollenden Luft gereinigt ist. „Was soll auch", hat mir Freund Dr. S. gesagt, dessen entschiedene religiöse Gesinnung Dir so gut als mir bekannt ist, „alles Poltern auf der Dom-Kanzel, oder, was sollen alle Jeremiaden im Katholischen Volksblatt daran ändern? Mainz bleibt Mainz! Niemand, der unsere Geschichte kennt, glaubt es, daß wir vom „Geiste" unserer Voreltern „abgefallen" seien. Ja, wenn man die ewigen Kapuzinaden von der Charakterlosigkeit der Bevölkerung, von der „schändlichen" Presse, von Todsünde, Beichte, Kirchenverfolgung, Teufel und Hölle hört, und dabei sich sagen lassen soll, daß unsere Väter, wenn sie die gegenwärtigen Zustände sehen, sich in ihrem Grabe herumdrehen würden, so reiht sich daran mir ganz unwillkürlich der verwandte Gedanke an, daß eben dieselben unter ähnlichen Umständen sich allerdings in der Kirche herumgedreht hätten und hinausgegangen wären. Frage nur unsere Jugend, forsche an den Kindern, die nach dem neuen Jesuiten-Katechismus in möglichst voll-

---

*) Prediger der deutschkatholischen Gemeinde zu Mainz.

kommener Weise dressirt und im Vergleich zum Religionsunterrichte unserer Kindheit, wahrhaft zu Theologen abgerichtet sind, ob sie trotz allen dem andere Gesinnungen, andere Lebensanschauungen haben, als wir? ob sie auch nur ein Aederchen christlicher Sitte mehr in sich tragen, als wir? Ja, wahrhaftig! gerade auf diesem Felde, wo der fremde (jesuitische) Geist in seiner fremden Eigenthümlichkeit ungehindert Jahre lang wehen kann und geweht hat, ist im Vergleich zu den Zeiten angeblicher religiöser Verflachung, ein ganz sonderbarer Umschwung eingetreten. Tausendmal habe ich es mit Staunen betrachtet, wie unsere sonst so netten Jungen so geringschätzend von den Geistlichen reden, wie wenig wahre Ehrfurcht sie denselben erweisen. Zu uns ist der Kaplan — schrecklich muß es für die geistlichen Herren sein, daran erinnert zu werden — im Frack nach neuester Mode, mit obligaten Steghosen, Glanzstiefelchen, Glacehandschuhen und elegantem Spazierstöckchen in die Schule gekommen! Nie wäre uns eingefallen, daran ein Aergerniß zu nehmen; mit freudiger Ehrerbietigkeit lauschten wir auf seine Worte, und was er uns von der Religion, von Tugend und Laster sagte, ist es nicht noch heute tief in unserer Seele eingeprägt? Nunmehr aber neigt sich kaum der „weiße Sonntag" zu Ende, da geberden sich diese Jungen wie eine leibhaftige Satansbrut; da ist ihnen der schwarze Talar, den sie als Kinder in der Schule nicht lieb gewinnen, sondern nur fürchten konnten, gar zu oft ein Gegenstand des diabolisch'sten Hohns; und die Gesellen, einheimische und fremde, müssen von den maxima cum laude entlassenen Eleven der frommen Pfarrschulen das Fluchen, Toben und Schimpfen lernen. Ja, lieber Wilhelm, Freund Dr. S. hat ganz Recht, es revanchirt sich naturnothwendig die Natur für die unnatürliche, durch Fremde von Rom hereingebrachte confessionelle Dressur.

Oftmals, lieber Wilhelm, wenn wir in der Fremde draußen Nachrichten aus der Heimath in den Tagesblättern lesen, weiß man nicht recht, woran man ist, und man bekömmt von unserer guten Vaterstadt die allerdrolligsten Gedanken. Die Geistlichkeit redet unaufhörlich von den alten goldenen Zeiten. Aber glaube mir, der frühere Glanz der Kirche hält ihre Augen geblendet. „Das katholische Mainz" und „Mainz ist doch noch eine katholische Stadt" u. s. w., ist der tausendmal wiederkehrende Refrain des Einen alten Liedes. Ich weiß nicht, ob in früheren Jahrhunderten die Mainzer Bürgerschaft jemals so war, wie jene Herren es gegenwärtig als ganz ausgemacht annehmen. In Mainz gab es zu seiner Zeit zwar keinen Protestantismus und keinen Deutschkatholicismus — aber liberal gesinnt waren die Bewohner immer, mißtrauisch stets gegen Jeden, der ihnen andere Meinungen und Sitten aufdrängen wollte. Mein Gott, welche Gedanken kommen mir doch mitunter beim Durchblicken der neuesten katholischen Tagesliteratur! Wo stecken sie denn die alten, die guten, die goldenen Zeiten, die das Vorbild unserer Zeit sein, und zugleich als Beschönigungsgrund für das viele exaltirte Wesen unserer Tage gelten sollen? Die Zeiten, die den achtundvierziger Jahren vorangegangen, sind es doch nicht gewesen; denn das waren ja, wie der jetzige Klerus sagt, die Zeiten der äußersten kirchlichen Verflachung! Waren es etwa die Zeiten, wo der selige Bischof Colmar mit apostolischer Demuth in Mainz wirkte? Gewiß nicht! Er war ja in den Augen der Ultramontanen ein Gallikaner, er hat nicht „auffallende" Dinge verrichtet; er kämpfte keinen Kampf gegen die Staatsgewalt, er schien sogar die organischen Artikel, diesen Abschaum staatsomnipotentlicher Niederträchtigkeit, — (Du mißverstehst mich doch nicht?) — als göttliches Recht und Gesetz anzunehmen und sich darnach zu richten. Oder, waren es die Zeiten des achtzehnten Jahrhunderts, wo all' die süßen Andachten und Anbächteleien erfunden wurden, die man jetzt theilweise mit wahrem Fanatismus wiederum als das non plus ultra aller Kirchlichkeit aufgewärmt*)? Gewiß nicht! Denn das waren ja äußerst unkirchliche Zeiten. Damals legten die Erzbischöfe und Kurfürsten von Mainz, Cöln und Trier**) offen und ehrlich Hand an's Werk, die Kirche von Rom emancipiren, den Einfluß und die geistliche Machtvollkommenheit des Pabstes brechen zu wollen. Was heut zu Tage als Sünde, ja als Verbrechen angerechnet würde, sprachen Geistliche und Laien damals offen aus, daß die lateinische Sprache im Cult der Kirche durch die Volkssprache ersetzt, daß das äußere Formenwesen beschränkt werden müsse. Wissenschaft und Wohlthätigkeit blüthen zwar damals: aber o Schrecken! die Bischöfe beriefen Protestanten auf die Lehrstühle der katholischen Universitäten! Man errichtete Wohlthätigkeitsanstalten aller Art, aber man legte deren innere und äußere Verwaltung in weltliche Hände***). Die geistlichen Landesfürsten hoben unbekümmert um Rom's finsteren Blick die reichsten Klöster auf und ließen die Jesuiten Nachts aus dem ganz katholischen goldenen Mainz hinausfahren! Waren es vielleicht die Zeiten, da man die Favoriten anlegte, wo die hohen geistlichen Herrn aus lauter Liebhaberei an allen Göttern und Göttinnen des heidnischen Alterthums es vergaßen, in ihren Palästen auch nur einem frommen Madonnabilde, oder einem Bilde des armen Jesus am Kreuze eine bescheidene Stelle zu gewähren? Gewiß nicht! Und eben so wenig waren es die Zeiten der Reformation, wo ja in sittlicher und religiöser Hinsicht Zustände herrschten, für die sich ein Dogmenritter neuester Façon sicherlich nicht begeistern kann! Und steige ich an der Hand der Geschichte von Jahrhundert zu Jahrhundert hinab und sehe mich um in den schwärmerisch gepriesenen goldenen Zeiten des Mittelalters — nirgends sehe ich das Volk dem

---

*) Z. B. das s. g. ewige Gebet, worin endlos die Verse vorkommen:
„Ave Jesu! Wahres Manhu! Christe Jesu!
„Dich Jesum süß ich herzlich grüß, o Jesu süß!"
**) In den s. g. Emser Punktationen vom 12. Oktober 1785.
***) Der Stifter des Mainzer Waisenhauses, Churfürst und Erzbischof Johann Philipp v. Schönborn bestimmte in seiner Stiftungsurkunde vom 28. April 1665 ausdrücklich, daß die Waisenkinder von einem ehrlichen **verheiratheten** Mann erzogen werden sollten. Auch der Verwalter des St. Rochusspitals sollte, nach den ausdrücklichen Bestimmungen der Erzbischöfe jedesmal ein **verheiratheter Bürger** sein.

Ultramontanismus verfallen. Um von Vielem zu schweigen, weil ich, lieber Wilhelm, Deinem katholischen Patrotismus nicht wehe thun will, möchte ich Dich nur fragen: War es vielleicht die Blüthezeit des katholischen Lebens, wofür die Ultramontanen schwärmen, als schon im 13. Jahrhundert (1244) die gut katholischen Mainzer von ihrem Erzbischof (Siegfried III.) das Recht erzwangen, daß von nun an der Stadtrath den zeitweiligen Pleban (b. i. Pfarrer) des damaligen bürgerlichen Heiliggeist-Hospitals nach ihrer freien Wahl vorschlagen und für die Verwaltung der Anstalt weltliche Pfleger ernennen dürfe! — Kurz, jene angeblich gut katholische goldene Zeit, die der Ultramontanismus jetzt mit Gewalt zurückbeschwören will, ist nur eine Chimäre: Mainz war und blieb immer, wenn auch zeitweise und Jahrhunderte lang durch äußere Gewalt niedergehalten, das wahrhaft goldene, d. h. das religiös-liberale Mainz!

Mein seliger Großvater hat mir oft von den Zuständen kurz vor dem Ausbruche der französischen Revolution erzählt. Athemlos lauschte ich auf jedes seiner Worte, wenn er von den vielen Kirchen und Klöstern, von den Nonnen im Schleier und von den Mönchen im langen Barte redete — denn wir haben ja als Kinder nie so etwas gesehen, und da ich, trotz der damaligen religiösen Stagnation, wie man jetzt meint, ein recht frommes Kind war, so habe ich mit der größten Neugierde nach dem religiösen Leben der damaligen Zeit gefragt: „Großpapa! wie war es auf Weihnachten im Dom? Waren damals viele Menschen darin? Sind denn auch die Männer damals mehr in die Kirche gegangen? Und, lieber Großpapa! wie groß muß die Frohnleichnamsprozession gewesen sein!" Doch ach! wie bekam ich jedesmal Gänsehaut vor Enttäuschung, wenn er sagte, daß es im Grunde genommen gar nicht anders gewesen sei, als jetzt. Die Mönche und Nonnen wären zwar fast zahllos, die Schaar wahrhaft frommer Christen aber wäre sehr klein gewesen. Ja, Trunkenheit, Streitsucht und Unglaube wären viel häufiger, als heut zu Tage vorgekommen. Die Mainzer wären zwar durch tausend Bande an den „Kurfürsten" und deren Geschlechter, aber bei weitem weniger an die „Erzbischöfe" gebunden gewesen. Auch hätten sie sich wohl wegen des Umsturzes des kurfürstlichen Thrones, keineswegs aber wegen der Aufhebung der vielen Klöster beklagt.

Deßwegen gräme Dich nicht, mein Lieber, wenn Du liesest, daß unsere Zeit vom Geiste der Voreltern abgefallen sei. Allerdings herrscht darin ein großartiger geistiger Kampf: aber es ist nicht der Kampf der Lüge und des Unglaubens gegen den positiven Glauben, sondern es ist der Kampf des reinen Christenthums gegen einen von Rom hereingetragenen fremden Geist, gegen eine sittliche Ausgeburt des Christenthums. Möchtest Du das bezweifeln? — —

Es ist eben Sommer; Salons und Wintergesellschaften sind geschlossen. Aber es drängt und treibt mich, meinen Geist mit etwas Geistigem zu beschäftigen. Da nehme ich eine Partie alter Papiere zur Hand und — Himmel, was finde ich? Denke Dir, unter den Papieren meines seligen

Oheims das Tagebuch desselben! Wie? mein Onkel schrieb ein Tagebuch? So geheimnißvoll versiegelt? Mit einer Vorrede an mich, seinen Erben? Glaubte denn wirklich der alte geistliche Herr, ich würde noch ein Theologe? ich zöge am Ende noch einen Talar an? Das Alles handelt ja, wo ich aufschlage und lese, von geistlichen Verhältnissen! Wollte er mir weise Lehren für meinen künftigen geistlichen Stand aufzeichnen? Mein Gott! Wilhelm! denke Dir einen Augenblick, wenn es Dir möglich ist, Deinen Freund in einem Schwarzrock! — Doch das wäre vielleicht etwas für die ultramontanen „Rheinischen Blätter"! Prächtig! vielleicht mache ich noch ein gutes Geschäft damit! Also lesen muß ich es! Ja, das verlangt schon die Pietät gegen meinen geistlichen Oheim! — Mit diesen Gedanken, mein Bester, machte ich mich an die Vorrede. Aber, o Wunder, ist's möglich? träume ich? Mein seliger Onkel ein Freigeist? Ein liberaler Charakter? Wäre es nicht seine Handschrift, die ich genau kenne, ich würde es für rein unmöglich halten!

Und doch, mein lieber Wilhelm! Es ist dieselbe Hand, die mich, als ich noch ein Knabe war im Flügelkleide, so freundlich liebkosend umfaßte! Und es ist nicht derselbe Geist himmlischer Milde und heitern Friedens, der mir seine Nähe so angenehm machte: „Michael, wo warst Du wieder den ganzen Nachmittag?" „Ach, Mutter, beim Onkel, nur beim Onkel!" „Spring als ein Paar Mal um den Dom herum, das ist gescheidter!" sprach die selige Mutter, die nicht ahnte, daß ich damals mich durch nichts so beglückt fühlte, als durch meines ehrwürdigen Onkels Nähe.

Du hast ihn ja auch gekannt, den freundlichen alten Herrn; wir haben ihm oft zusammen zur Messe gedient, und ich habe Dir so manchmal von ihm erzählt! Wie würdevoll benahm er sich bei seinen geistlichen Verrichtungen! Wie aufrichtig fromm war er in seinem Leben, wie rein in seinem ganzen Wandel! — Und höre, mein Bester, er sagt in seiner Vorrede, dieses Tagebuch habe er geschrieben, auf daß er einige Jahre nach seinem Tode es veröffentlichen möge! Aber warum hat er es nicht selbst veröffentlicht? Alles, was ich darin gelesen habe, athmet es nicht den ewig frischen Geist der Liebe? Weht nicht durch alles Das der frische Geist des Evangeliums, der in den süßesten Stunden meiner Kindheit mich von dem Schwarm der andern Kinder getrennt, der mich so oft in den Hallen des Domes in einer einsamen Nebenkapelle wie verzaubert hielt?!

Lieber Wilhelm! Ist es jetzt schon an der Zeit, das ganze Tagebuch zu veröffentlichen? Ich bezweifle es! In unseren Zeiten wird die sanfte, engelreine Stimme der Wahrheit nur gar zu leicht von dem rauhen Toben und Tosen der Leidenschaft übertönt. Erst muß das Zeichen eines neuen Friedens vom himmlischen Azur herabstrahlen: dann vielleicht wird das süße Wehen jenes Geistes verstanden werden: Gottes Geist, sagt irgendwo die Schrift (6. Buch) der Könige 19, 11.) weht nicht im Sturm. Deßwegen, mein Lieber, will ich Dir vor der Hand von Zeit zu Zeit nur einen Abschnitt aus jenem Tagebuche brieflich mittheilen, und ich bin fest überzeugt, daß Du diese meine Briefe mit dem größten Interesse lesen wirst, weil ich nur solche Dinge auswählen will, die sich auf unsere gegenwärtigen Verhältnisse beziehen. Schöner könnte ich Dir das alles auch nicht beschreiben, als es mein seliger Oheim that; — und könnte ich es vielleicht richtiger? Nun, das magst Du selber beurtheilen! Nur um Eins, mein Bester, bitte ich, bewahre diese Briefe für Dich! Denn sonst möchte es geschehen, daß die Gebeine meines im Frieden entschlafenen Oheims noch aus seinem Grabe hervorgescharrt und an ungeweihter Erde den Raubvögeln hingeworfen würden. Dies aber würde mir jetzt um so erschrecklicher erscheinen, als ich seit der Stunde, wo ich des Onkels Tagebuch gefunden, mit um so größerer Pietät an seinem Grabe weile, wo ich dann jedesmal auch Deiner gedenke in Freundschaft und Liebe.

Dein
Michael.

Zweiter Brief.

Mein lieber Wilhelm!

Als ich mein letztes Schreiben der Post übergeben hatte, stieg in mir alsbald der Gedanke auf: Was wird der liebe Wilhelm zu meiner langen Epistel sagen? Wird er sich Zeit und Mühe nehmen, dieselbe auch nur einmal oberflächlich durchzulesen? Da kam mir denn gestern Dein Antwortsbriefchen, aus dem ich zu meiner innigsten Herzensfreude entnahm, wie angenehm und erwünscht Dir diese meine Correspondenz ist. Ganz besonders aber war es mir erfreulich, von Dir zu vernehmen, daß mein seliger Oheim auch bei Dir noch in größter Hochachtung stehe, daß Du ihm in Deinem Herzen ein stets ehrenvolles Andenken bewahrt habest!

Nun! dann ist es mir auch erklärlich, daß Du mich besonders mit der Frage bestürmest, ob sich mein Oheim auch über die Stellung der Kirche zum Staate geäußert habe. Hat, fragst Du mich, Bischof von Ketteler*) mit seinem Clerus das Recht, so weit gehende Forderungen an den Staat zu machen? Hat der Staat die Pflicht, darauf einzugehen? Hat die Darmstädter Kammer das Recht, die Selbstständigkeit der Kirche so sehr beschränkt wissen zu wollen, oder macht sie sich durch ihr Auf-

---

*) Was hier von Einem Bischof und seiner Diöcese gesagt ist, gilt zur Zeit von allen Bischöfen in Deutschland und Oesterreich, die sich ja alle, bis auf ganz wenige Ausnahme, dem Teufel des ultramontanen Jesuitenthums mit Haut und Haaren verschrieben haben.

treten eines Eingriffes auf die Freiheit der katholischen Kirche und damit folgerichtig auf die Freiheit überhaupt schuldig? Ist es Recht, daß eine Kammer, deren Mitglieder, ihrer weitaus größeren Zahl nach, ungläubig sind, Beschlüsse faßt über katholische Kirchenangelegenheiten? besonders da die entschieden katholische, meinetwegen ultramontane, Bevölkerung des Landes bei der letzten Landtagswahl allenthalben unterlegen ist, und deßhalb keine Vertreter ihrer Ansichten und ihrer Interessen in der Kammer hat?

Wäre es Recht, wenn die Regierung trotz der erstaunenswerth entschiedenen Erklärung des Klerus der Diözese, trotz des entschiedensten Protestes fast aller katholischen Gemeinden, dem Land ein Gesetz geben wollte, welches einen immerhin großen Theil der Bevölkerung so schwer im Gewissen verletzt? Das sind Fragen, für die Du gerne aus des Oheims Tagebuch eine Lösung wünschest, und Du unterließest bei dieser Gelegenheit es nicht, besonders stark zu betonen, daß es doch ganz offenbar eine große Einseitigkeit der liberalen Presse sei, die ultramontane Partei wegen ihrer religiösen Ansichten so sehr zu verhöhnen, da sie sich doch sonst mit so großer Theilnahme, wenn es sein muß, um einen einzigen Protestanten in Neapel oder um einen Israeliten in Rom annähme!

Auch scheinst Du mir wegen der Ausfälle der liberalen Journalistik auf die jüngere katholische Geistlichkeit, namentlich auf die Kapläne, weil sie den Adressen-Sturm zu Stande gebracht hätten, erbittert zu sein, indem Du die Frage stelltest: machen denn wir, die wir uns liberal nennen, nicht umgekehrt es ebenso?

Ich muß Dir eingestehen, mein Lieber, daß auch schon in mir ähnliche Bedenklichkeiten aufgetaucht sind; namentlich widerspricht es meiner Natur, daß man die Geistlichen, die ja doch auch unsere Landsleute und Brüder, sogar unsere, (oder unserer besten Freunde und Bekannten) nächste Angehörigen und Freunde sind, oftmals so muthwillig verhöhnt. Auch unser guter Freund Dr. S., hat mir bei meinem neulichen Besuche daselbst ganz ähnliche Bemerkungen gemacht. Er meint, daß durch solche unverantwortliche Auftritte, wie sie mitunter vorkämen, die liberalen Elemente der katholischen Geistlichkeit naturnothwendig zum Ultramontanismus hinübergezogen würden. Auch er will, denke Dir, in der Bischofsstadt, wo man alle Schritte auf einen Geistlichen im Schwarzrock, oder auf einen Kapuziner, Jesuiten, Schulbruder, oder auf eine barmherzige Schwester, eine Franciskanerin, ein englisches Fräulein, auf schwarzbehaubte Mitglieder des dritten Kapuzinerordens, auf straßenlange Reihen junger Geistlichen stößt, sehr liberale Geistliche kennen gelernt haben, und er sagt ausdrücklich, daß dieselben in Folge der „Verläumbungs-Skandale" gezwungen worden wären, mit der liberalen Partei zu brechen; Einige davon seien dadurch sogar in entschiedene Anhänger des Ultramontanismus verwandelt worden. Und doch ist es klar, daß ein dauerhafter, politischer oder religiöser Fortschritt nur dann möglich ist, wenn auch die Geistlichkeit anfängt, selbst voranzuschreiten. Möchtest Du wohl glauben, daß unsere Fortschrittskoryphäen in dieser Hinsicht klüger handelten, als die der polnischen, italienischen, schweizerischen und französischen Nation?

Aber Du willst ja auf alle diese Fragen eine Antwort aus den Papieren meines geistlichen Oheims! Getröste Dich! Dein Wunsch soll Dir erfüllt werden, und staunen sollst Du über die Aufklärungen, die ich Dir hierüber gebe. Ich weiß nur nicht recht, wie und womit ich zuerst beginnen soll. Weil aber das Auftreten der Kapläne in der gegenwärtigen Periode Aller Augen auf sich zieht, so denke ich Dir einen besonderen Gefallen zu erweisen, wenn ich Dir vorerst eine Bemerkung über die Stellung der Kapläne aus jenen Aufzeichnungen meines geistlichen Oheims mittheile.

Ich lese darin unter Anderm also:

.... 19. Mai 1857.

„Also wiederum eine neue Verordnung! Mein Gott, was soll aus der Geistlichkeit werden! Wie wahr hat doch Paulus geredet, da er vor „jüngeren" Vorgesetzten warnt!*) Seitdem ein junger Bischof herrscht, und junge Leute seine vertrautesten Rathgeber sind, wie weit sind wir da gekommen! Der Klerus scheint nur noch dafür da zu sein, daß die Vorgesetzten, die Herren im blauen Talare, mit einer süßen Geisteswollust über ihm die Geißel schwingen. Nach welchem Kanon des Kirchenrechtes, worauf jene Herren dem Staate und ihren Untergebenen gegenüber fortwährend pochen, kann ein Pfarrer zur Befolgung solcher Aufträge angehalten werden? Zeugnisse über das Verhalten der Kapläne!! Alljährlich sollen da 21 Fragen, „ohne eine Nummer zu übergehen," beantwortet werden. Wenn ein Herr seinem Knecht ein Zeugniß in allgemein gehaltenen Ausdrücken ausstellt, welcher ehrliche Mann setzt dahinein ein Mißtrauen? Aber bei uns soll nun einmal das Mißtrauens-Regiment blühen. Der Pfarrer besitzt bei seinem Bischofe weniger Vertrauen als ein ehrlicher Mann bei dem andern; soll es da dem Katholiken verargt werden, wenn er auch kein Vertrauen mehr in seinen Pfarrer setzt? Der Kaplan ist weniger als mein Knecht. Er dauert mich vom Herzen; was für ein sonderbares Gesicht hat er gemacht, als er die neue Verordnung las? Kann ein Pfarrer noch seinen Kaplan nach solchen Verordnungen als Geistlichen, als Mitbruder achten? Wird nicht umgekehrt der Kaplan, der sich auf jedem Schritt und Tritt von seinem Pfarrer in dieser Weise beobachtet weiß, ebenso wieder seinen Pfarrer beobachten, um sich ihm gegenüber sicher zu stellen? Ja, die Herren verstehen das „divide et impera": Theile und herrsche! Was anders, als ein vollständiges Mißtrauens-Regiment und Spionir-System kann die Folge dieser Verordnung sein? Wenn die Leute in der Gemeinde wüßten, ein wie rechtloses, eingeengtes, moralisch geknebeltes, unselbstständiges Wesen ein Kaplan wäre, so würden sie, wenn er mit solch' scheinbarer Autorität

---

*) „Kein Neuling soll er sein, damit er nicht, von Herrschsucht aufgeblasen, in die Stricke des Teufels falle." 1. Timotheus 3, 6.

auf der Kanzel redet, wenn er als Priester im Beichtstuhle Land und Leute durcheinander hetzt, wenn er in der Schule die Kinder und den Lehrer haranguirt, wenn er als der treue Diener seiner Kirche in der Gemeinde von Haus zu Haus herum geht, um irgend einen vom Bischofshofe ausgehenden Wink in Vollzug zu setzen, ihn vielleicht auslachen und verspotten, oder vielmehr das innigste Mitleid mit ihm haben.

„Ach was für ein Pharisäerthum! Ich muß den Kaplan bezeugen, **ob er sein Breviergebet gewissenhaft verrichte**. Wißt ihr es jetzt, ihr guten Seelen, warum der Kaplan mit seinem Brevier so andächtig in der Kirche kniet? warum er es den ganzen Tag beinahe unter dem Arme hat? Der Pfarrer muß es ja **sehen**, sonst kann er es ihm nicht alljährlich bezeugen? Und doch hat Jesus gesagt: „**Wenn Du beten willst so schließe dich in deine Kammer!**"

„Wißt ihr jetzt, warum der Kaplan den ganzen Tag, auch bei der drückendsten Hitze, in der Soutane herumläuft? Ich muß ihm ja bezeugen, **ob er die Vorschrift über klerikale Kleidung befolge**! Ist denn mein Kaplan mein Sklave, daß ich ihm bezeugen soll, **wie er seine freie Zeit verwende**? Ist ein Geistlicher, ein Lehrer des Evangeliums, so unselbstständig, daß ich **sogar seine Besuche überwachen muß**? Wenn die Leute, welche in das Pfarrhaus zum Kaplan kommen, oder welche der Kaplan in ihrem Hause besucht, wüßten, daß im nächsten Rechenschaftsberichte ihre Namen und ihre Verhältnisse vielleicht auf dem bischöflichen Ordinariate berichtet lägen, so würden sie gewiß nicht dem Kaplan nachlaufen, oder ihm die Thüre vor der Nase verschließen, wenn er zu ihnen kommen will. Und nochmals, ist ein Kaplan ein Sklave, daß **er ohne Vorwissen des Pfarrers nicht einmal ausgehen darf**? Ist das nicht ein **schrecklicher Eingriff in die persönliche Freiheit eines jungen Mannes**? Ja, freuen würde es mich eigentlich, wenn die Welt erfahren könnte, warum so viele Geistliche sich allenthalben vom bürgerlichen Leben zurückgezogen haben. Wie darf ich noch Wirthshäuser und sonstige Belustigungsorte besuchen, da ich meinem Kaplan, wenn er einmal daselbst gewesen ist, offiziell verrathen muß? Warum liest der Kaplan die **Messe** so außerordentlich andächtig! Ich muß es ihm ja bezeugen! Ist daß nicht eine Veräußerlichung des innerlichen Lebens ohne alles Gleichen? Dürfte der Staat zugeben, daß seine Bürger, denn das sind ja doch auch die Kapläne, in eine solche, ihre persönliche Freiheit hemmende Zucht genommen und jahrelang darin erhalten werden? Dürfte der Staat dulden, daß öffentliche kirchliche Funktionen, besonders das Predigen, von Geistlichen vorgenommen werden, die in einer mehr als knechtischen Abhängigkeit stehen? Denn mein Knecht, wenn es ihm bei mir nicht behagt, kann von mir weggehen, der Kaplan aber muß bleiben, bis er von seinen Vorgesetzten anderswohin dekretirt wird. Meint der Staat, die Kirche wäre frei, wenn der Bischof die Freiheit hat, die Freiheit der Geistlichkeit fast willkürlich, jedenfalls gegen den Geist der Kirchengesetze zu beschränken?

„Und nochmals frage ich jetzt: Was soll aus der Geistlichkeit werden?

Ein Kaplan kann gegen die Befehle seiner Vorgesetzten nichts machen: er muß sich also stillschweigend bücken, sich neun, zehn, zwölf Jahre lang bücken; denn wehe ihm, wenn er sich als ungehorsam zeigen, wenn er diese größte Sünde aller Sünden begehen wollte! Ewig könnte er dann Kaplan, oder wenigstens ewig ein unselbstständiger Pfarrverwalter bleiben! Hat er aber seine besten Kräfte zehn oder so und so viel Jahre lang als hundestumm gehorsamer Kaplan aufgeopfert, dann wird er, wenn er schon altert, höchstens ein jederzeit absetzbarer Pfarrer, und muß sich sodann, soll er nicht bald wieder pensionirt werden, doppelt gehorsam und devot zeigen. Ist das die Freiheit der Kirche? die Aufrechthaltung der kirchlichen Institutionen, wofür die Herren Ultramontanen kämpfen?

Soweit mein Oheim über diesen Gegenstand, wozu ich nur die andere Frage setzen möchte: Was ist Angesichts solcher Zustände vom Auftreten des Klerus in dem bekannten Abressensturm zu halten? Die Frage ist um so berechtigter, wenn man die amtliche Stellung der katholischen Pfarrer in Erwägung zieht. Darüber nächstens. Für heute überschicke ich Dir noch eine genaue Abschrift jener 21 Fragen als Anhang. Aber ich bitte Dich bringend, veröffentliche sie ja nicht, sonst möchten wir bald erfahren, daß alle Kapläne laut und öffentlich erklären, daß sie an allen dem nichts auszusetzen hätten.

In Freundschaft und Liebe Dein

Michael.

Dritter Brief.

Mein lieber Wilhelm!

Obgleich ich am Schlusse meines vorigen Briefes eine Schilderung der Stellung der katholischen Pfarrer in Aussicht gestellt habe, halte ich es doch für gut, noch einmal auf die Stellung der Kapläne zurückzukommen, und zwar ganz besonders deßhalb, weil ich inzwischen in den Papieren meines geistlichen Oheims noch einige andere Aufzeichnungen gefunden habe, welche das im vorigen Briefe entworfene Bild erst recht vollständig ausmalen. Du wirst dazu große Augen machen!

März 1852.

"Nun, das ist nicht übel! Was doch nicht Alles den Jesuiten einfällt. Also eine neue Examen-Verordnung für die armen Kapläne. Es muß diesen demüthigen Jüngern des Herrn, denen doch das Gebot bekannt ist, daß gerade in der Geistlichkeit kein hochmüthiges Erheben des Einen über den Andern stattfinden soll, wahrhaft wohlthun, die untergebenen Geistlichen als Schulbuben behandeln zu können. „So heilsam auch die mittelst Ausschreiben des hochseligen Bischofs Petrus Leopold getroffene Maßregel sich erwiesen hat" fängt die neue Verordnung des neuen Bischofs an. Welch' eine Heuchelei! Hat sich jene Verordnung als „heilsam erwiesen," warum ändert ihr sie ab? Nur um den jüngeren Klerus, der schon genug gedehmüthigt ist, noch mehr zu demüthigen, und es ihm nie aus dem Gedächtnisse entschwinden zu lassen, daß er ein rechtloser Stand, daß er nur dazu da ist, den Jesuiten devote Komplimente zu machen und ihnen die väterlich strafende Hand zu küssen. Erst werden die jungen Leute 4 Jahre lang im Seminar eingebrüllt; dort müssen sie, wie mir mein Neffe sagte, alle Jahre zweimal großes Examen machen. Sind sie aber nach so und so viel jesuitischen Plackereien aus dem Seminare entlassen, da müssen sie als Kapläne wieder von Zeit zu Zeit sich sistiren und sich einem zwei volle Tage dauernden Examen unterwerfen. Schon vier Wochen vorher müssen sie Examenarbeiten schriftlich einschicken und außerdem genau vorgeschriebene Aufgaben einstudiren. In der Bischofsstadt werden sie dann darüber einen Tag lang schriftlich und einen Tag lang mündlich examinirt. Bei welch' anderem Stande findet eine derartige fortgesetzte jesuitische Plackerei statt? Ist es den Jesuiten nicht genug, die jungen Leute im Seminar ganz nach ihrem Willen und Wunsch so viele Jahre abgerichtet zu haben? Genügt es ihnen nicht, die Kapläne sofort unter die strengste Aufsicht ihrer Pfarrer und Dekane zu stellen? Man meint, die Leute wären vollständig von der Unhaltbarkeit ihres Systems überzeugt, indem sie sonst solche Vorsichtsmaßregeln gegen ihren Klerus nicht treffen könnten.

„Aber was mich am meisten an diesem Ausschreiben ärgert, das ist die Unverschämtheit, womit die Jesuiten diese ihre m o r a l i s c h e   G e w a l t m a ß r e g e l mit dem Mantel der K i r c h l i c h k e i t zu verhängen suchen. Ach, du arme katholische Kirche! zu welchen Schändlichkeiten hast du nicht schon deinen Namen hergeben müssen! Das Ausschreiben bemerkt (es kann nichts anders sein, als der hochmüthigste Hohn) die jüngeren Geistlichen sollten diese Anordnung mit Freude begrüßen und ihre Achtung vor dieser durch d i e   K i r c h e n g e s e t z e v o r g e s c h r i e b e n e n E i n r i c h t u n g an den Tag legen! Ist diese Behauptung nicht eine schändliche Lüge? Die Kirche hat zwar angeordnet, daß die Geistlichen v o r   i h r e r W e i h e, und daß bei Wiederbesetzung einer vakanten Pfarrstelle die sich darum Bewerbenden geprüft werden sollen, aber eine so fortgesetzte Dressur, wie die Jesuiten sie anordnen, widerspricht ganz und gar dem Geiste des Evangeliums und dem Geiste des Kirchenrechtes. O würde doch einmal der rechte Mann aufstehen und solch' hochmüthigen und selbstsüchtigen Menschen ihre ekelhafte Heuchelei offen enthüllen! Gewiß, das ewige Examiniren und das ewige Zeugnißausstellen ist ein vortreffliches Mittel, die Leute im Gehorsam und in Zucht zu erhalten."

Wie es aber, mein lieber Wilhelm, bei einem solchen Examen zugeht, magst Du aus folgender Aufzeichnung entnehmen. Lies, mein Lieber und staune!*)

---

*) Ich selbst habe dieses Kaplansexamen, wozu übrigens auch noch Pfarrverwalter gezogen werden, zweimal mitgemacht und die hier beschriebenen sachlichen Vorfälle selbst miterlebt.

Juni 1853.

„Mein Kaplan, der wieder bei dem zweitägigen Examen war, dem im Hinblick auf jenes Examen schon zehn Wochen vorher das Essen nicht mehr schmeckte, und der deßhalb griesgrämig herumging, kam nach wieder bestandenem Examen, wie von einer schweren Last auf einige Monate befreit, zurück. Ganz freudebestrahlend sah er aus. Die Herren müssen ihn hübsch gelobt haben. Heute Abend schmeckte ihm aber auch zum ersten Mal wieder der Wein so recht gut. Er saß ungewöhnlich lange bei mir nach dem Tische, und erzählte bei einem guten Glas Wein, wie es ihm auf jenem Examen ergangen sei. Ich beeile mich, damit ich nichts davon vergesse, seine Mittheilungen noch vor dem Schlafengehen niederzuschreiben. Mein Kaplan ist, wenn auch mit Leib und Seele dem Bischof ergeben, doch ein ehrlicher Charakter, und ich setze nicht den geringsten Zweifel in seine Aussagen. Demnach wird das Kaplansexamen, das alljährlich zwei bis drei Mal stattfindet, in folgender Weise abgehalten:

„Die Kapläne stehen im sogenannten Museum des Seminars an großen langen Tischen; Jeder hat etwas Papier, Tinte und Feder vor sich liegen. Einer der „Vorgesetzten" kommt Morgens um 8 Uhr herein und diktirt diesen Geistlichen eine Reihe von Aufgaben aus der Glaubens- und Sittenlehre, aus der Kirchengeschichte, dem Kirchenrechte u. s. w., die sie sofort schriftlich beantworten müssen. Nachmittags zwei Uhr wiederholt sich derselbe Auftritt. Tags darauf müssen sie, Einer nach dem Andern, in Gegenwart aller im Examen sich befindenden Kapläne und des Domkapitels einen Theil einer Predigt vortragen, worauf einem Jeden alsbald das Urtheil darüber in Gegenwart Aller mitgetheilt wird. Mein Kaplan erzählte mir mit Staunen, wie die geistlichen Herren Vorgesetzten dabei einzelne Kapläne so bubenhaft behandelt hätten. Auch sagte er, es wäre ihm nicht möglich gewesen, bei dieser Predigt den Pharisäer zu spielen, und deßhalb wäre er selbstverständlich gehörig mitgenommen worden. Nachmittags aber müssen sich die Kapläne in einem Saal der Reihe nach hinsetzen, worauf das „hohe" Domkapitel eintritt und um einen eigenen Tisch Platz nimmt. Die Geistlichen müssen sich dann ausexaminiren lassen. Die geistlichen Examinatoren haben meistens ihre Bücher vor sich liegen, ja sogar theilweise ihre Fragen aufgeschrieben. Ich wollte es gar nicht glauben, aber mein Kaplan sagte mir wiederholt, daß sogar Domkapitular Moufang es so mache. Ich habe von diesem Manne eine größere Meinung gehabt. Und wehe dann dem Kaplan, der die gestellte Frage nicht beantworten kann! Mein Kaplan erzählte mir sogar unter sichtlichem Herzklopfen, daß der General-Vikar Lennig einen Kaplan gehörig ausgezankt habe, weil er nicht anständig genug sitze. Er sagte, allen Kaplänen wäre bei diesem Vorfall theils Zornesgluth, theils Schamröthe ins Gesicht gestiegen, sie hätten aber hübsch demüthig stille schweigen und sich bucken müssen.

„Nach Ablauf dieses Examens kommt aber erst das Schönste! Da muß nämlich jeder Kaplan einzeln vor dem gesammten Kollegium der Examinatoren erscheinen. Es werden ihm nun, wie kleinen Schulknaben, die Noten mitgetheilt und ihm solche Dinge gesagt, welche die Anderen nicht wissen dürfen. Mein sonst so bemüthiger Kaplan war sichtlich auf das Aeußerste über diese geistliche Mißhandlung aufgebracht und erzählte, wie sich fast alle Kapläne unter einander darüber in der bittersten Weise geäußert hätten. Als er mir aber angenehme Ruhe wünschte, und sich entfernte, sprach er doch seine Reue darüber aus, daß er die Maßregeln seiner geistlichen Vorgesetzten so anmaßend kritisirt habe. Ich wünschte ihm wohl zu ruhen und bedauerte ihn und alle Kapläne tief innerlich in meiner Seele.

„Ja, was soll aus solchem geistlichen Regimente werden!? Ist es nicht schnöde, junge Geistliche zu zwingen, sich trotz der innersten Abneigung gegen eine Sache äußerlich devot und gehorsam zu zeigen? Is es nicht eine Versündigung an der Menschheit, an der Kirche, deren Diener in einen solchen Widerspruch mit ihrem Gewissen zu bringen, und den geistlichen Stand nach und nach moralisch zu demoralisiren? Muß nicht an die Stelle des freien Gehorsams gegen die Kirche eine sklavische Unterwerfung unter die Launen willkürlich handelnder Vorgesetzten treten?"

Und nunmehr, mein lieber Wilhelm, frage ich dich abermals, was sagst Du jetzt nach solchen Enthüllungen zum Auftreten des jungen Klerus? Wenn selbst mein Oheim, ein Geistlicher, ein Pfarrer, diesen jüngeren Geistlichen alle Selbstständigkeit abspricht, habe ich dann Unrecht, wenn ich gleichfalls Zweifel setze in ihr selbstständiges Handeln? Und wenn die Geistlichkeit ihre volle Zufriedenheit mit dem gegenwärtigen geistlichen Regimente äußerlich ausspricht, so frage ich Dich nochmals, ist das ein gutes oder ein schlimmes Zeichen? Ich überlasse die Beantwortung dieser Frage Deinem gesunden Sinne und wünsche nur, daß auch die Regierung mit eben so gesundem Sinne die Lösung dieser Frage finden möge.

Die oben genannte Verordnung des bischöflichen Ordinariates liegt gedruckt dem Anhange des Tagebuchs meines Oheims bei. Sie datirt vom 18. März 1852, ist von den Herrn Höfer und Heffner unterzeichnet und kann ich Dir, solltest Du es wünschen, eine genaue Abschrift davon zustellen. Lebe wohl! Nächstens mehr.

Sei herzlich gegrüßt von

Deinem

Michael.

Vierter Brief.

Lieber Wilhelm!

„Du bist doch, mein Lieber, ein ganz sonderbarer Kauz! Du bejammerst mit mir die armen Kapläne, Du ahnst auch, daß ihre Stellung und die Art ihrer Behandlung von Seiten ihrer Vorgesetzten für Kirche und Staat möglicherweise höchst gefährlich werden könne. Andererseits aber glaubst Du doch, das viel wahrscheinlicher dieses strenge Regiment in den jungen Geistlichen eine naturnothwendige Opposition hervorrufen werde, und daß sie dafür, wenn sie einmal Pfarrer sind, um so entschiedener einer selbstständigen, liberalen Richtung huldigen werden. Und du fragst mich sogar etwas hochtrabend: „Was hindert mich die so eingeschränkte Stellung der Kapläne anzunehmen, daß die Pfarrer entschiedene charakterfeste Männer sind, denen man keineswegs volle Selbstständigkeit absprechen kann?" Hierauf mein Bester, antworte ich Dir nun, daß das wohl der Fall sein könnte, daß aber doch das ganze System, wie es von den Jesuiten gehandhabt wird, ein für allemal auch in dieser Hinsicht mir überhaupt gefahrvoll erscheint. Ich denke, auch Du wirst meine Ansicht beipflichten, wenn Du die nachfolgenden Aufzeichnungen gelesen haben wirst.

25. Mai 1855.

„Heute war ich auf der Dekanats-Konferenz zu **. Nur höchst ungern habe ich mich an derselben betheiligt. Die Pfarrer sind seit Jahr und Tag gewohnt, in jedes Zusammenkommen mehrerer Geistlichen Mißtrauen zu setzen und zu befürchten, daß jedes einigermaßen freie Wort sofort als Offenbarung von unkirchlichem Sinne verrathen werde.

„Aber wehe Jedem, der einmal durch einen Schmarotzer angeschwärzt worden ist! Er sieht sich, ohne daß er es ahnt, woher es komme, plötzlich mit jesuitischem Mißtrauen beobachtet. Jedes Schreiben, welches das bischöfliche Wappen, sonst das Zeichen des Friedens und der Freude, auf sich trägt, jagt ihm einen Augenblick eiskalte Furcht und Schrecken ein. Natürlich, nicht ohne bittere Erfahrungen, die er in dieser Beziehung gemacht hat! Wie aber geht es ihm erst bei der nächsten Firmung? Ein wahres Fegfeuer ist die ganze Zeit, in der sie bevorsteht, und gesegnet die Stunde, wo der bischöfliche Wagen wider auf der Landstraße verschwindet!

„Nun, aber die heutige Konferenz war schön! Alles ging prächtig ab. Ich glaube nicht, daß irgend ein Pfarrer darüber mit dem andern eine Verabredung getroffen hatte; aber — aus geheimem Instinkt — hatte

Jeder es so zu lenken gewußt, daß sein Kaplan nicht auf der Konferenz anwesend sein konnte. Nachdem wir uns von dieser Thatsache kaum überzeugt hatten, machte sich unsere freudige Wahrnehmung in einem allgemein glückseligem Aufathmen Luft.

„Pfarrer **" nannte scherzweise die in der bischöflichen Verordnung (18. April 1856) enthaltenen Bestimmungen über die schriftlichen Aufgaben, welche vom bischöflichen Ordinariate den Pfarrern gegeben werden, über den Mittagstisch, über das Gebet mit gebogenen Knieen, über die Bestimmung, daß auswärtige Geistliche zu diesen Konferenzen nicht gezogen werden sollen; (o, ja die Herren wissen, weßhalb,) sowie ganz besonders den letzten Paragraphen, wonach Geistliche, welche sich gegen die Diözesan-Statuten, oder sonst verfehlen, von der Konferenz ausgeschlossen werden können — eine wahrhaft junkermäßige Flegelei. Pfarrer*, ergraut im Dienste der Kirche, schlägt vor, natürlich zum Hohn, man solle eine Kommission niedersetzen, um die vielen Verstöße des Bischofs gegen das Kirchenrecht und gegen die Diözesan-Statuten, die ja in Wirklichkeit beinahe thatsächlich aufgehoben seien, eruiren und den Herren von Rom aus das „Befehlen und Anordnen" verbieten zu lassen. Er konstatirt aus seiner langjährigen Erfahrung mit begeisterter Aufwallung, daß noch unter keinem Bischof das bischöfliche Ordinariat in einen so schrecklichen Bureautismus verfallen sei, als unter dem gegenwärtigen, der doch keinen Anstand nehme, bei jeder Gelegenheit mündlich und schriftlich gegen den staatlichen Bureaukratismus loszudonnern. Und alle Anwesenden stimmten darin überein, daß die Jesuiten zwar frei sein wollen von jeder staatlichen Bevormundung, daß aber sie mit Zurücksetzung der Traditionen und des seitherigen Gebrauches und mit einseitiger Betonung der bischöflichen Gewalt, in einer fast krankhaften Weise, beständig darüber nachgrübelten, wie sie den untergebenen Klerus in jedem Schritt und Tritt bevormunden könnten!

„Pfarrer N. N., noch jünger an Jahren und ganz sichtlich über unsere frivolen Gespräche innerlich aufgebracht, obgleich er es sorgfältig zu verbergen suchte (übrigens sind wir alle überzeugt, daß er ein ehrlicher Charakter und kein Verräther ist), machte dagegen die Bemerkung: „Aber diese Konferenz-Statuten sind doch in der Diöcesan-Konferenz genehmigt worden! Dort hätten die Herren sprechen und sich wehren sollen!"

„Ein wie aus Einem Munde hervorbringendes schallendes Gelächter war die erste improvisirte Antwort auf diesen gemüthlichen Einwurf. Was? Diöcesan-Konferenz? rief Pfarrer . . . . . ., der im kanonischen Rechte seltene Kenntnisse besitzt, — eher könnte man des türkischen Großpascha's Leibrath mit dem englischen Parlament, als diese Mißgeburt mit einer Diöcesan-Konferenz verwechseln! Wer gibt einem Bischofe das Recht, so willkürlich die kirchlichen Bestimmungen abzuändern? Das Konzil zu Trient sagt ausdrücklich *), daß jährlich der ganze Klerus der Diöcese zusammenkommen und mit dem Bischofe berathen soll, und

---

*) Synodi quoque dioecesanae, quotannis relebrentur ad quas .. omnes interesse deberent. Trid Seesio XXIV. Cap. II. de Reformat.

gewiß nicht dazu, daß, wenn der Bischof das Votum seiner Geistlichkeit vernommen, er es ohne alles Weitere in den Papierkorb werfen und, nichts darnach fragend, fortwährend auf eigene Faust seine Anordnungen treffen soll! Statt dessen kommen **nur** die **Dekane**, die zudem gegen den Diöcesan = Gebrauch, statt frei gewählt zu werden, meistens als **Dekanatsverwalter** auſoctroyrt ſind, und aus jedem Dekanate **nur Ein Pfarrer** zu jener von dem Bischof angeordneten ſogenannten Diöcesan= Konferenz! Ich hätte ſehen wollen, was Einem widerfahren wäre, wenn er gegen dieſe Anordnungen hätte ſprechen wollen! Man verwechſelt ja bei den Jeſuiten den freien kanoniſchen Gehorſam ganz und gar mit der klöſterlich asketiſchen Demuth, die es allerdings nicht erlaubt, gegen die Anordnungen der Vorgeſetzten zu ſprechen. Niemand aber, der nicht ſein Schäfchen im Trocknen hat, wird den Schein des Ungehorſams und der Unkirchlichkeit auf ſich laden wollen!

„Ja," ſagte Pfarrer **, ſonſt einer der ruhigſten und aufrichtigſten Geiſtlichen, die ich je kennen gelernt, „die Jeſuiten verlangen **Freiheit** und immer **mehr Freiheit** für ſich, und ſie verlangen dieſelbe im Namen der **Kirche**. Auch verlangen ſie, daß wir durch Dick' und Dünn' mit ihnen gehen, um die „Freiheit der Kirche" zu erkämpfen; aber wenn man die Sache ruhig betrachtet, ſo kommen Einem doch ganz gewaltige Zweifel in ihre Ehrlichkeit. Wenn dem Biſchof ſo ſchrecklich viel daran gelegen iſt, die Kirche vom Joche des Staates frei zu machen, auf daß ſie nach ihren eigenen Beſtimmungen und Inſtitutionen frei aus ſich ſelbſt leben und wirken könne, warum bringt er denn nicht jene kirch= lichen Beſtimmungen zur Ausführung, an denen Niemand in der Welt, am allerwenigſten die Regierung ihn hindert? Wer z. B. hindert ihn denn, die vakanten Pfarrſtellen in der kirchlich vorgeſchriebenen Zeit zu beſetzen? Statt deſſen läßt er aber unbekümmert um die Kirchengeſetze und die hergebrachten Gebräuche, die jungen Geiſtlichen am Hungertuche nagen, und inzwiſchen ſtehen die Pfarreien Jahre lang unbeſetzt! Ganz gegen den Grundſatz der Kirche: „Sede vacante nihil innovetur" („So lange eine Stelle unbeſetzt iſt, ſollen keine Neuerungen vorgenom= men werden") läßt er durch die devoten Pfarrverwalter in den Gemein= den Bruderſchaften, Andachten, Sodalitäten, Feſtlichkeiten 2c. einführen und einbürgern, ſo daß der ſpätere Pfarrer, mag er auch darüber auf's Aeußerſte aufgebracht ſein, eine gute Miene zum böſen Spiele machen muß.

„Worauf es aber beſonders ankommt, iſt die Frage: „Warum ſtellt der Biſchof ſeine Pfarrer überhaupt nicht nach den Beſtimmungen des Kirchenrechtes an?" Es iſt wahrlich eine Schande! Neulich war ein Profeſſor des Kirchenrechtes aus dem Oeſterreichiſchen, welcher ſich im Bade zu Nauheim aufhielt, bei mir, um ſich in dieſer Angelegenheit mit mir zu beſprechen. Er wollte es mir abſolut nicht glauben, daß der „berühmte" Biſchof, der weithin durch ſeine kühne Vertheidigung der kirchlichen Inſtitutionen bekannt geworden, ſo unkirchlich handle und ſeine Pfarrer nur usque ad revocationem (d. h. bis auf Widerruf) anſtelle, während ihn Niemand daran hindert, in dieser Hinsicht nach den ganz klaren Bestimmungen der Kirche zu handeln. Erst nachdem er es in einem Dekrete schwarz auf weiß gelesen hatte, sagte er kopfschüttelnd: „Jetzt ist mir doch manche Erscheinung und Manches, was mir über diesen Mann zu Ohren gekommen, erklärlich!"

„Als ich aber im verflossenen Spätjahre mit vielen Nassauer Geistlichen auf einem Patrocinium zu Tische saß, und die Rede darauf fiel, daß so viele Pfarreien im Nassauischen unbesetzt seien, hat ein junger Laffe von Pfarrverwalter mir offen in's Gesicht gesagt, wir Mainzer sollten uns nur hübsch ducken, wir hätten ja gar keine eigentlichen Pfarrer mehr! Die Limburger Geistlichen kämpften wenigstens mit ihrem Bischof einen ehrlichen Kampf für die Freiheit der Kirche und für die Aufrechthaltung ihrer Institutionen, wir Mainzer dagegen kämpften nur für die Knutung der Kirche durch den Bischof, und Keiner habe den rechten Muth, dagegen aufzutreten! Dieser Diskurs machte auf den genannten Pfarrer, der den Einwand mit der sogenannten Diöcesan-Konferenz vorgebracht hatte, einen tiefen Eindruck! Spaß bei Seite! sprach er, darüber habe ich selbst schon öfters nachgedacht, daß der Bischof hunderterlei Neuerungen einführt, die aber meistens den niederen Klerus in eine ganz erschreckliche Abhängigkeit von der bischöflichen Gewalt bringen. Uns, den Geistlichen, wird der recursus ad principem, d. h. die Appellation an die weltliche Behörde, strengstens verboten, und zwar auf Grund kirchlicher Bestimmungen. Allerdings hat die Kirche diesen Rekurs untersagt; aber sie hat auch dafür Sorge getragen, daß ein Geistlicher nicht einseitig durch bischöfliche Behörden Unrecht erdulden müsse. Die Kirche hat zu diesem Zwecke besonders die alljährigen Diöcesan- und die dreijährigen Provinzial-Synoden*) angeordnet. Durch diese Anordnung wollte sie der Geistlichkeit die Bürgschaft geben, daß nicht ein willkührliches Regiment innerhalb der Kirche selbst eintrete.**) Im Bewußtsein, daß einzelne Bischöfe ihre Gewalt in einer furchtbaren Weise mißbrauchen können, und daß die Kirche durch solche herrschsüchtige Bischöfe in der schändlichsten Art geknebelt würde, hat die Kirche angeordnet, daß die kirchlichen Aemter unwiderruflich***) sein sollen, so daß ein Pfarrer nicht anders, als in Folge eines kanonischen Urtheils von seiner Stelle entsetzt werden kann †). Hierbei fällt noch schwer in die Wagschale, daß das kirchliche Recht zwar Ordnung und Disciplin, keineswegs aber irgend welche Willkürherrschaft will, und daß ein Pfarrer nicht schon deßhalb sei-

---

*) Provincialia Concilia... renoventur; quare Metropolitani... quolibet saltem triennio... non praebermittant, Synodum in Provincia sua cogere. Conc. Trid. Sess. XXIV, Cap. II de Ref.

**) Episcopi quoque, si... a Synodo provinciali admoniti, se non emendaverint, ipso facto sint suspensi. Conc. Trid. 1 c. Cap. XIV.

***) Walter in seinem Lehrbuch des Kirchenrechts sagt S. 457: „Das Amt und die Pfründe gehören unzertrennlich zusammen, und letztere wird wie ersteres auf Lebenszeit ertheilt."

†) C. 36. c. XVI. q. 7.

ner Stelle entsetzt werden darf, weil er in diesem oder jenem Stücke aus menschlicher Schwachheit gefehlt hat, oder weil er nicht allen Launen seiner geistlichen Vorgesetzten nachgekommen ist *). Wenn ein Bischof in dieser Hinsicht machen könnte, was er wollte, dann wäre die katholische Kirche die erbärmlichste und schändlichste Zwangsanstalt, die es jemals gegeben.

„Was aber soll geschehen, wenn man in unsern Zeiten, geblendet durch das Wort „Religionsfreiheit" die Kirche, nicht etwa sich selbst, sondern einseitig dem Bischofe und seinen Rathgebern, die doch auch fehlbare Menschen sind, und wie der Augenschein lehrt, recht fanatische Menschen sein können, rückhaltlos überliefert? Dann ist die Kirche dem Jesuitismus der schlimmsten Art überliefert! Denn allerdings gibt es in der katholischen Kirche eine jesuitische Richtung, welcher man mit allen nur möglichen erlaubten Mitteln, auf Leben und Tod, entgegentreten muß. Dieser Jesuitismus besteht aber, in dem hochmüthigen Bestreben einzelner Mitglieder der Kirche, ihre Person hervorzudrängen, ihren Willen mit dem Geiste der Kirche zu identificiren, ihre Anordnungen an die Stelle der kirchlichen Anordnungen zu setzen, oder doch dafür kirchliche Autorität zu beanspruchen. Dieser Jesuitismus besteht ganz besonders in dem schändlichen Bestreben, die Untergebenen rechtlos zu machen, und zwar dadurch, daß man ihnen, statt eines männlichen Gehorsams aus Ueberzeugung, einen blinden Gehorsam aus falscher Demuth einzuimpfen sucht.

„Wo nun in einer Diöcese der Jesuitismus herrscht, da hat der „Bischof" die „Freiheit" zu herrschen und zu befehlen, willkürliche Anordnungen zu treffen, jesuitische Auswahl zu halten unter den vorhandenen kirchlichen Gesetzen; solche Gesetze nämlich, die ihm, dem Bischofe, Rechte und Befugnisse einräumen, einseitig auszubeuten, dagegen solche, die dem untergebenen Klerus Rechte einräumen, einseitig zu beschränken, oder ganz unberücksichtigt zu lassen.

„Da kann ein Bischof dem Staate und der Oeffentlichkeit trotzen, und in diesem seinen Trotz die Geistlichkeit unter blindem Gehorsam mit fortreißen. Der untergebene Klerus aber und der Staat hat keine andere Bürgschaft eines rechtlichen Zustandes innerhalb der Kirche, als die etwaige Tugend und die etwaige kirchliche Gesinnung des Bischofs **), was aber Beides hier auf Erden immerhin höchst unsichere Bürgschaften bleiben. Zudem, wenn das Sprichwort wahr ist: „Wer nicht traut, hat keine Treu!" so hat in dem vorliegenden Falle der Bischof gewiß nicht jene kirchliche Treue,

---

*) „Bei einer Absetzung wird natürlich immer ein schweres Vergehen vorausgesetzt." Walter, §. 243, S. 435.

**) Diese Darstellung ist noch viel zu zart gehalten; denn die Kirche verlangt von dem Bischof, gerade wie von jedem andern Geistlichen, einfach Gehorsam gegen ihre Vorschriften. Wenn deßhalb ein Bischof seine kirchliche Gesinnung dadurch zeigen will, daß er den Rosenkranz u. s. w. verbreitet, während er den klaren Vorschriften des katholischen Kirchenrechtes in's Angesicht schlägt, so ist das Pharisäerthum, von dem die Schrift sagt, daß es die Mücken seiht, aber die Kameele schluckt.

da er ja so untrausam ist, daß er nicht einmal die vakanten Pfarreien nach kirchlichen Vorschriften besetzt!

„Ja, an die Stelle der Kirchenfreiheit tritt dann geistliche Willkürherrschaft. Die Kirche ist bloß der Deckmantel, den der Bischof dem Staat und seinen Untergebenen gegenüber um die Schultern wirft, oder womit ein herrschsüchtiges, jesuitisches Häuflein ihn umkleidet, um das eigene unrechtmäßige Verfahren zu verhüllen. Die Untergebenen nehmen dann nicht mehr Recht und Gesetz von der Kirche, sondern nur von dem Bischof; sie müssen dessen devote Diener sein, sonst werden sie in Zucht genommen oder pensionirt oder es wird ihnen der Aufenthalt im Seminar angewiesen: lautet ja doch gegen alle kirchlichen Bestimmungen ihr Dekret: usque ad revocationem. — Bis auf Widerruf."

Diese und ähnliche Reden wurden geführt. Hoffnungen auf bessere Zeiten wurden ausgesprochen. Werden sie wohl einmal in Erfüllung gehen?*)

„Nachdem aber in lebendigem Diskurs die Konferenzstunden abgelaufen waren, wurde ein von allen dem nichts sagendes Protokoll unterzeichnet und abgeschickt. Wir trennten uns in sonderbaren Gefühlen; ich selbst aber verweilte noch lange auf dem Heimwege in diesen trübseligen Gedanken. Ja, dachte ich bei mir, der Staat muß des Bischofs Drängen zurückweisen, er muß des Bischofs Machtvollkommenheit so lange durch Ausnahmsgesetze strenge überwachen, als der Bischof selbst Ausnahmszustände aufrecht erhält. Die Freiheit der Kirche darf er aber nur dann anerkennen, wenn alle Pfarreien des Landes nach kirchlicher Vorschrift besetzt sind, und nur unter der Bedingung, daß, als nothwendiges Gegengewicht gegen die bischöfliche Allgewalt, die von der Kirche angeordneten Synoden vorschriftsmäßig abgehalten werden.

So lange aber dies nicht der Fall ist, muß der Staat das kirchliche Regiment zur Aufrechterhaltung der kirchlichen Freiheit gegen die Anmaßungen eines Bischofs oder einer jesuitischen Partei selbst in seinen Händen behalten. Andernfalls darf der Staat durchaus nicht zugeben, daß der Bischof Klöster und klösterliche Anstalten errichtet. Diese Anstalten sind nur dann ohne Gefahr, wenn die Weltgeistlichen in der von der Kirche selbst ihnen verliehenen Selbstständigkeit und Unabhängigkeit vor den Launen eines Bischofs dastehen.

„Erst wenn die Kirche wirklich, also auch von bischöflicher Willkür frei ist, hat die Freiheit der Kirche keinen nachtheiligen Einfluß auf den Staat, keine Gefahr für andere Konfessionen, keine Gefahr für ihre eigenen Konfessionsangehörigen. Vor einem Geistlichen, der nicht den Launen seines Bischofs unterworfen, sondern der freie Diener seiner freien Kirche ist, braucht Niemand sich zu fürchten! Vor dem Sklaven, der die Ketten bricht, vor dem freien Mann erzittere nicht!"

---

*) Ich glaube kaum. Nach allen meinen bis jetzt gemachten Erfahrungen gilt auch hier das Wort, das der Pseudo-Febronius auf den Papst anwandte: Prius Jovi sua tella avelles, quam Jesuitis sua praetenta jura.

Das, mein lieber Wilhelm, ist die Ansicht meines Oheims über die Kirchenfrage, die gegenwärtig Aller Gemüth beschäftigt. Ich bitte Dich, schreibe mir offen und ehrlich, was Du davon hältst! Und abermals, mein Lieber, frage ich Dich jetzt: Ist es ein gutes oder ein **schlimmes** Zeichen, wenn der Klerus äußerlich seine volle Zufriedenheit mit dem Schalten und Walten des Bischofs ausspricht?!
Lebe wohl! Schreibe bald
Deinem
Michael.

Fünfter Brief.

Lieber Wilhelm!

Als ich neulich in meines Oheims Papieren jene Aufzeichnungen über das Kaplansexamen fand, empörte sich mein Innerstes gegen diese fast unmenschlichen Verordnungen. Das ganze Dienstverhältniß der niedern Geistlichen scheint so durch und durch jesuitisch, daß ich nicht weiß, mit welchen Worten ich meinen Gefühlen Ausdruck geben soll. Nicht minder erbärmlich scheint mir aber auch die Stellung der sogenannten Pfarrer. Ich kann es kaum begreifen, wie diese Herren ein derartiges, offen unkirchliches Regiment ertragen können. Als ich neulich in einer andern Bischofsstadt war und ich daselbst mit einigen hochstehenden Geistlichen zusammenkam, eröffnete ich denselben meine inneren Bedenklichkeiten. Auch sie sagten, sie könnten ein solches Jesuiten-Regiment nicht verstehen, aber eins wäre ihnen sehr verständlich, daß nämlich Mainz der Schauplatz so furchtbarer religiöser Agitationen sei. „Wenn unser Bischof," sagten sie, „auch unter uns ein solches Regiment führen wollte, dann würde es bei uns bald ähnlich aussehen." Nicht nur die Kapläne sind in einer für einen freien Bürger erschrecklichen Weise bevormundet; dasselbe gilt auch für die Pfarrer. Beispielsweise theile ich Dir hierüber für heute folgende Aufzeichnung mit:

Februar 1858.

„Heute war Freund . . . bei mir. Er kam von dem Konkurs-Examen*) und machte seinem Zorn über dieses Examen Luft. Zugleich erzählte er, wie es bei jenem Examen zugehe. Er sagte in bitterster Ironie: „Wenn man dieses **angeblich** von der Kirche angeordnete Examen betrachtet, und die Art und Weise, in der es abgehalten wird,

---

*) Auch dieses Examen habe ich persönlich mitgemacht, als ich mich um die damals vacante Pfarrei Eich bewarb.

erwägt, so kommt die ganze Sache einem wie ein Hohn vor. Diesen Jesuiten ist es nicht genug, daß sie die Kapläne und Pfarr-Verwalter mit dem sogenannten Approbanien-Examen haranguiren; nein, sie wollen auch die **Pfarrer** von Zeit zu Zeit schulbubenmäßig zu ihren Füßen sitzen sehen; sie wollen sie mit Gewalt bemüthigen, mit Gewalt ihnen Devotion vor ihrem Regimente einbläuen." Und ach, er hat Recht!

Dieses Pfarrkonkurs-Examen wurde durch Ordinariatsverordnung vom 3. Februar 1854 eingeführt. Die Verordnung beginnt mit den hochtrabenden Worten: „Unser Hochwürdigster Oberhirte, der es als eine seiner **heiligsten Pflichten** betrachtet, dafür zu sorgen, daß die Vergebung der geistlichen Stellen in einer **den Vorschriften der Kirche, insbesondere des heiligen Konziliums von Trient entsprechenden Weise** stattfinde, hat befohlen . . ." Welch' eine Heuchelei!

„Denn das Konzil von Trient hat in seiner 24. Sitzung im 18. Kapitel (de reformatione) über das Konkurs-Examen klar und deutlich Folgendes angeordnet:

„Jedes Jahr sollen auf einer Diöcefan-Synode*), wozu der ganze Klerus zugelassen ist, wenigstens 6 Examinatoren bezeichnet, diese sollen aber von der Synode geprüft und beeidigt werden. Drei von ihnen sollen dann bei einer innerhalb jenes Jahres eintretenden Vakation einer geistlichen Stelle, die sich darum Bewerbenden prüfen, dem Bischof den Würdigsten davon bezeichnen; der Bischof soll aber in seinem Gewissen verpflichtet sein, bei der sofortigen Besetzung dieser Stellen nach ihrem Votum zu handeln."

„Wenn nun der Bischof wirklich, wie in jenem Ausschreiben steht, es als seine **heiligste Pflicht** betrachtet, nach den Vorschriften des Konzils von Trient zu handeln, warum beruft er dann nicht die Synode? Wer oder was in aller Welt steht denn ihrer jährlichen Abhaltung entgegen? Nichts, als sein Mißtrauen gegen den Klerus! In diesem Mißtrauen setzt er an die Stelle der kirchlichen Anordnung, an die Stelle des seitherigen Gebrauchs in der Diöcese, seine launenhaften Anordnungen, und umgibt sie mit dem Heiligkeitsscheine des Konzils von Trient! Er ernennt sogenannte Prosynodal-Examinatoren auf mehrere Jahre, und zwingt den Klerus, sich vor diesen einem schulbubenmäßigen Examen zu unterziehen. Da müssen sich von nun an die Geistlichen, wenn sie sich um eine Pfarrei bewerben, einem zweitägigen Examen unterwerfen. Altehrwürdige Pfarrer müssen sich mit jungen angehenden Leuten an einen Tisch setzen, und drei halbe Tage lang schriftliche Aufgaben machen, die ihnen ein oftmals viel jüngerer Geistlicher, wenn er auch einen blauen Talar trägt, diktirt. Am vierten halben Tage aber muß nach einander jeder Einzelne von jenen aufoktroyrten Examinatoren, gleichviel, ob sie das Vertrauen des Klerus besitzen oder nicht, sich mündlich schulbubenmäßig ausexaminiren lassen.

---

*) Examinatores au'em singulis annis in dioesesana Synodo . . . . proponantur, qui Synodo satisfaciant et ab ea probentur & l. c.

„Sollten die Jesuiten sich aber nicht schämen, dem niederen Klerus, besonders älteren Pfarrern gegenüber, ein solches Schulbubenregiment einzuführen? Aber das Schändlichste an dieser ganzen Einrichtung ist das, daß trotz dieses Examens die Pfarreien meistens vor wie nach lange Zeit unbesetzt bleiben, oder nur „bis auf Widerruf" vergeben werden. Womit will der Bischof das entschuldigen, wenn er darüber zur Rechenschaft gezogen wird? Glaubt er etwa, in seinem Gewissen nicht verantwortlich zu sein für alles Fluchen, Schimpfen, Räsonniren seiner Geistlichen?*) Ist er in seiner Herrschsucht so blind geworden, um nicht mehr einzusehen, daß so mancher Skandal gerade von katholischen Geistlichen ausgeht, die auf das Aeußerste gedrängt, zurückgesetzt, am Hungertuche nagend, ihre letzte Zuflucht zu einem „gottlosen" Redakteur nehmen, die eine „schändliche" Presse, wie die Jesuiten sie nennen, als ihre letzte Nothwehr ergreifen?

„Wird sich der Bischof etwa damit entschuldigen wollen, daß er sagt, es wären für die vakanten Stellen nicht die geeigneten Persönlichkeiten vorhanden? Trotz seines vortrefflichen Seminars? Trotz der vielen, fast bis zu Banden und Ketten devoten Kapläne und Pfarrverwalter? Trotz der fast erbärmlichen Demuth so mancher älteren Pfarrer, die sie gegen ihre innerste Neigung und trotz des innersten Widerspruchs ihrer Seele antreibt, sich einem schulbubenmäßigen Examen zu unterziehen? Und doch, der Bischof hat keinen Anstand genommen, es offen zu erklären. Ob er es jetzt wohl einsieht, daß kaum die strengste lebenslängliche Buße in einem Kloster hinreichen würde, die Schmach zu sühnen, die er damit seinem Klerus angethan hat!

„Ja, Heuchelei, Herrschsucht und Jesuitismus, nicht aber heilige Ehrfurcht vor den Vorschriften der Kirche ist der Grund so vieler ultramontanen Erscheinungen unserer Zeit! Müßte es nicht der Bischof als seine heiligste Pflicht ansehen, die niedere Geistlichkeit vor solchen Verdemüthigungen zu schützen? Müßte er nicht seinen jesuitischen Rathgebern gegenüber, in Kraft seiner bischöflichen Autorität, die er ja sonst so gut hervorzuhängen versteht, die Würde seines Klerus vertheidigen? Niemand wird doch behaupten wollen, daß das ewige schulbubenmäßige Aufgabenmachenlassen und Examiniren das unerläßliche Mittel sei, sich von den Befähigungen und der Würdigkeit eines schon so oft examinirten Geistlichen zu überzeugen.

„Allerdings ist es aber ein ganz famoses, jesuitisches, fast durch Nichts zu ersetzendes Mittel, den niederen Klerus tief herabzuwürdigen, ihn tief zu demüthigen, ihm auf den Zahn zu fühlen, ob er auch recht demüthig,

---

*) Dieses feige Räsonniren der katholischen Geistlichen über den Bischof und sein Ordinariat war mir das Unleidlichste. Grade deßhalb wollte ich diese Gedanken einmal offen aussprechen. Dem Bischof sollten diese Briefe zur Warnung dienen, dem Klerus aber sollten diese seine Feigheit eindringlich vorhalten.

recht blind gehorsam, recht devot gegen das Jesuiten-Regiment sei*). Ja, Freiheit der Kirche! O Heuchelei, o Sklaverei!"

An einer anderen Stelle, mein lieber Wilhelm, zählt mein Oheim mehrere Fälle auf, wo junge Leute, gegen den seitherigen Gebrauch, gute Pfarrstellen bekommen hätten, wohl aus keinem andern Grunde, als weil ältere Geistliche es nicht mit ihrer Würde hätten vereinigen können, sich jenem aufoktroyirten Examen zu unterziehen.

Ja, ein Bureaukratismus, mein Lieber, herrscht in dem Jesuiten-Regiment, daß ich beinahe den Kopf verliere, wenn ich in den vielen Amtsblättern des bischöflichen Ordinariats blättere. Lache mich darüber nicht aus! Du weißt, ich lese mit dem größten Interesse die „historisch-politischen Blätter", den „Katholiken"; und selbst viele, viele Artikel der vom bischöflichen Ordinariate protegirten Zeitung, worin über den Bureaukratismus oft in der herbsten Weise losgedonnert wird, haben mir großes Vergnügen bereitet. Aber, mein Gott, seit einiger Zeit werde ich ja wahrhaft an Allem irre. Welch' eine jesuitische Verschmitztheit! **Kirchliche Amtsblätter**! und darin ein berghoher Apparat von Bureaukratismus. Ich kann mir das nicht anders erklären, als daß die hohen Herrn den Bureaukratismus als ein rein persönliches Recht in ausschließliche Erbpacht genommen zu haben glauben müssen! Und sage mir, mein Lieber, was für ein Bureaukratismus das ist? Da klagt mein Oheim an einer Stelle fürchterlich über die **jährlichen Rechenschaftsberichte**, die auf Befehl des Bischofs eingeschickt werden müssen. Außer jenen 21 Fragen über das Verhalten der Kapläne müssen in jenem Rechenschaftsberichte noch 127 genau vorgeschriebene andere Fragen beantwortet werden. Ich werde Dir später gelegentlich eine genaue Abschrift davon zusenden, auf daß Du Dir selbst dazu die geeigneten Glossen machen kannst. Du wirst über diese, mehr als bureaukratische, Bevormundung staunen. Probeweise will ich Dir für heute nur die Fragen 98 und 99 mittheilen. Diese lauten: „Fanden Klagen oder Untersuchungen gegen die **Lehrer** statt? welche? was war das Resultat? Empfangen die Lehrer öfters im Jahre die heiligen Sakramente?" Was sagen dazu wohl die Lehrer?

Noch eine andere, höchst interessante Aufzeichnung enthält das Tagebuch meines Oheims. Ich kann es aber wirklich nicht über mich bringen, Dir dieselbe wörtlich mitzutheilen. Mein Oheim selbst scheint vor Wuth fast außer sich gewesen zu sein, als er sie schrieb. Sie handelt von einzelnen bischöflichen Erlassen betreffs der Haushälterinnen in den katholischen Pfarrhäusern. Gleichsam als wäre der ganze katholische Klerus durch und durch in dieser sehr delikaten Hinsicht demoralisirt, hat der Bischof mit Verordnungen um sich geworfen, die ein gläubiger Katholik nicht lesen kann, ohne daß die Schamröthe ihm hoch auf in das Gesicht steigt. Freilich sind sie ja auch blos für die **Geistlichen** gemünzt! Von einer dieser

---

*) Im Seminar wurde geradezu auf dem Katheder ausgesprochen, daß jenes Konkurs-Examen eigentlich dazu angeordnet sei, die kirchliche Disciplin besser handhaben zu können.

Verordnungen sagt mein Oheim, daß sie in ächt jesuitischer Weise der Geistlichkeit nur mündlich sei mitgetheilt worden*). Wie? gibt es Verordnungen in der Diöcese, die nicht einmal den Geistlichen, die sich darnach richten sollen, in die Hand gegeben werden? Enthalten diese Verordnungen solche Dinge, deren der Bischof sich bei einem etwaigen Bekanntwerden allenfalls schämen muß? Die Dekane, sagt mein geistlicher Oheim, hätten den Pfarrern mündlich mittheilen müssen, daß ihre Haushälterinnen und Dienstmädchen, gleichviel ob sie verwandt oder nicht verwandt seien, weder jung noch schön sein dürften. Außerdem (und das ist doch gewiß das Aeußerste von jesuitischer Bevormundung), müsse sich jeder Pfarrer von Zeit zu Zeit ein Zeugniß von einem benachbarten Pfarrer ausstellen lassen, daß sein Hausstand nichts Verdächtiges enthalte, und dieses Zeugniß müsse dem Bischof selbst eingeschickt werden. Was sagst Du zu solchen geheimen Instruktionen!? Was sagst Du dazu, besonders in Erwägung, daß vor noch nicht vergessener Zeit in dem Palaste des Bischofs selbst ein Ereigniß mit seinem jungen, im Seminar emporgewachsenen Kaplan vorkam, das den Bischof belehren muß, daß sich durch derartige jesuitische Bevormundungen, jene delikaten, oder wenn Du willst, undelikaten Dinge nicht verhindern lassen? Was sagst Du dazu, in Erwägung, daß vor noch nicht langer Zeit ein katholischer Dekan, den der Bischof selbst von der Kanzel herab als einen apostolischen Priester bezeichnete, (wohl deßwegen, weil er in jener jesuitischen Beaufsichtigung des weiblichen Dienstpersonals in den katholischen Pfarrhäusern dem Bischofe ganz außergewöhnliche Dienste geleistet), an einem schönen Tage unter dem Verdachte unnatürlicher Schändlichkeiten das Land verließ? Du kennst mich, mein lieber Wilhelm, ich hasse jeden Skandal, aber ich frage Dich, ist nicht das Vorangehen des Bischofs, sind nicht jene jesuitischen, geheimen Verordnungen skandalöser, als ein einzelner Fehltritt eines Geistlichen, mit dem jeder humane Mann gerne Mitleid hat? Weil man aber gerade auf der einen Seite eine so überschwängliche Heiligkeit pharisäisch zur Schau trägt, eben deßhalb ist es leicht erklärlich, daß von anderer Seite in vorkommenden Fällen ein so schrecklicher Standal erhoben wird. Weil der Bischof von Mainz in ganz unkirchlicher Weise so sehr seinen Klerus in Zucht hält, deßwegen muß gerade er so viele bittere Erfahrungen machen. Möchte er doch einsehen, daß über seiner Regierungsweise ganz offenbar der Segen des Himmels nicht ruht!

Und nunmehr, mein lieber Wilhelm, frage ich Dich nochmals: Verschleudert nicht die Regierung eines ihrer wesentlichsten Hoheitsrechte, welches sie zum Schutze aller ihrer Unterthanen, also auch der katholischen Geistlichen, besitzt, wenn sie die katholische Kirche auf das Wort „Religionsfreiheit" hin einseitig dem Bischof überliefert? Nur unter der Bedingung

---

*) Ist buchstäblich wahr. Als diese Verordnung der Geistlichkeit durch die Dekane mündlich mitgetheilt wurde, war ich Kaplan zu Heldenbergen. Das betreffende bischöfliche Schriftstück gab als Grund dieses geheimpolizeilichen Verfahrens an, daß anders Mißbrauch damit gemacht werden könne.

darf der Staat die Kirche freigeben, wenn er die sichere Bürgschaft hat, daß innerhalb der Kirche selbst kein willkürliches bischöfliches Regiment herrsche; andernfalls begeht er gerade damit, daß er der Kirche gerecht werden will, an ihr das allergrößte Unrecht.

Willst Du, mein Lieber, das nächste Mal etwas über die Erziehung der jungen Geistlichen im Seminare hören? Schreibe es Deinem Freunde

Michael.

Sechster Brief.

Mein lieber Wilhelm!

Das Dir bis jetzt entworfene Bild von den Verhältnissen des Klerus wäre jedenfalls ein sehr unvollständiges, wenn nicht eine Schilderung der Erziehung des Klerus im Seminar*) dazu käme. Alles, was mein Oheim darüber aufgezeichnet hat, theile ich Dir für jetzt nicht mit; ich will Dir nur sagen, daß er die Ansicht ausspricht, er habe nichts dagegen einzuwenden, wenn die jungen Geistlichen in einem Seminare nach den Vorschriften der Kirche herangezogen und gebildet werden. Interessant dagegen ist die nachfolgende Aufzeichnung:

„Endlich ist es mir möglich geworden, ein Exemplar der neu gedruckten Statuten des Seminars zu erhalten. Mein Neffe hat mir dasselbe zugestellt. Nachdem ich diese Statuten durchgelesen, schreibe ich mehrere Eindrücke, die sie auf mich gemacht, nieder.

„§. 19 bestimmt, daß der Regens des Seminars jedesmal nur auf drei Jahre vom Bischofe ernannt werde. Diese Anordnung widerspricht dem Geiste des Kirchenrechtes, welches verlangt, daß die geistlichen Stellen **unwiderruflich** sein sollen. Der Regens ist also immer gezwungen, unbedingt nach des Bischofs Willen zu handeln, wenn er nicht nach Ablauf jener Periode entlassen sein will. Ist das nicht auch ein klerikaler Bureaukratismus?

„§. 47 sagt, daß die Seminaristen, in diesem Hause **von der Menschenwelt abgeschlossen**, vor allen Dingen an ihrer Heiligung arbeiten sollen. Demzufolge ist dem Gebete und den Andachtsübungen ein großer Theil des Tages gewidmet. Morgens von 5 bis 6 Uhr wird im Oratorium gebetet und „betrachtet", um 6 Uhr geht es in die Kirche zur „heiligen" Messe. Nach dem Mittagstisch ist Besuch des „heiligen" Sakramentes in der Kirche. Nach dem Abendessen jedesmal Salve-Andacht.

---

*) Ich war vorschriftsmäßig 4 Jahre lang, vom 1. Mai 1852 bis Frühjahr 1856, im bischöflichen Seminar.

Auch bei Tische werden fromme Lesungen öffentlich vorgenommen. Alle 14 Tage wenigstens müssen die Seminaristen beichten; ihre Beichtväter dürfen nur solche Geistliche sein, die vom Bischof dazu besonders bestimmt werden. (§ 53.) Außerdem sollen sie an jedem Tag eine bestimmte Zeit lang für sich einer geistlichen Lesung aus einem frommen Buche obliegen. Jeden Abend ist gemeinschaftliches Nachtgebet im Oratorium.

„Die Statuten betonen durchwegs das Außenwesen. § 57 bestimmt, daß die Seminaristen an Sonn- und Festtagen nicht nur allein der gemeinsamen Seminarsmesse um 6 Uhr, sondern auch noch dem Stiftsamt im Dom von 9 bis wenigstens ½ 11 Uhr, Nachmittags der Vesper und Komplet daselbst zwischen 3 und 4 Uhr, und wie mir mein Neffe sagte, Abends noch der Herz-Maria-Bruderschaft im Dom von 7 bis ½ 9 Uhr beiwohnen müssen; und dabei sagen die Statuten ausdrücklich, sie sollten eingedenk sein, daß sie in der Kirche ein „Schauspiel" für Gott, Engel und Menschen seien. Von einem Jeden soll man sagen können, wie von dem heiligen Stephanus, daß sein Angesicht dem eines Engels gleiche.

„§ 60 sagt, die Seminaristen sollen bestrebt sein, Lieblinge Gottes und der Menschen zu sein, dadurch, daß sie eine angenehme Redefreundlichkeit äußerlich zeigten, blandam conversationis affabilitatem prae se ferentes. Ebenso sagt § 63, daß sie in ihrem ganzen Auftreten ein religiöses Benehmen zur Schau tragen sollten prae se ferant.

„Als Haupttugend jedoch sollen die Seminaristen im Seminar den Gehorsam lernen. Natürlich, diesen sollen sie ja unausgesetzt ihr ganzes Leben lang später üben. In diesem Gehorsam sollen sie lernen, auf ihr eigenes Urtheil ganz und gar Verzicht zu leisten und auch sogar ein strenges Regiment gerne zu ertragen. Eine solche jesuitische Dressur möchte man kaum für möglich halten; aber § 64 schreibt ausdrücklich vor, daß sie sich sogar Glück dazu wünschen sollen, wenn die Vorgesetzten ihre Anordnungen, bezüglich der Befolgung der Statuten auf die Spitze treiben: Si hi statutorum observantiam ad apicem exigant. Natürlich! der Geistliche soll ja in seinem ganzen späteren Leben es als eine himmelschreiende Sünde ansehen, die Anordnungen seiner geistlichen Vorgesetzten auch nur kritisiren zu wollen! Damit aber die Seminaristen frühzeitig das Gehorchen durch und durch lernen, werden im Seminar Aufseher aus den Seminaristen von dem Regens ernannt; und diesen Aufsehern*), welche ihre Studiengenossen auf Schritt und Tritt beobachten, und dem Regens darüber berichten, müssen die Seminaristen gerade so, wie ihren Vorgesetzten selbst, gehorchen. (§ 72). Damit die jungen Geistlichen fortwährend in Gehorsam und in Demuth erhalten werden, sollen in allen Lehrgegenständen**) jeden Monat mehr-

---

*) Diese s. g. Abmonitoren haben geheime, geschriebene Instructionen, von denen die andern Seminaristen nie etwas erfahren.

**) Wissenschaftlichkeit ist in den Seminarien nicht anzutreffen. In der Dogmatik werden die mittelalterlichen Scholastiker einfach aufgewärmt; in der Moral wird den jungen Geistlichen der Probabilismus nach ächter Jesuitenmanier einfach

mals (§ 75) mündliche Examinatorien, und am Schlusse eines jeden halben Jahres soll ein großes Examen gehalten werden. (§ 76). Auch das versteht sich ja von selbst; sollen doch die Herrn Geistlichen später als Kapläne, als Pfarrverwalter und Pfarrer sich den neueingeführten Approbanden- und Konkurs-Examen von nun an bis in ihr graues Alter bemüthig unterziehen, und das will frühzeitig gelernt sein.

Gehorsam, Demuth, Unterwürfigkeit, Bescheidenheit, unbedingtes Vertrauen sind so große Tugenden, daß sie den Seminaristen nicht früh und nicht tief genug eingeimpft werden können; sie möchten ja sonst dieselben später wieder verlernen. Der Mittags- und Abendtisch gibt dazu ein stets wiederkehrendes, ganz vortreffliches Mittel. In einem großen Speisesaal sitzen die Seminaristen an langen Tischen. Obenan steht der sogenannte „Regententisch". Er ist in jeder Hinsicht besser, reichlicher und bequemer, wie die Tische der Seminaristen ausstaffirt. Die Seminaristen haben ein sehr einfaches Essen: Suppe, Gemüß und Fleisch. Dienstag, Donnerstags und Sonntags bekommt Jeder ein Gläschen Wein. An den andern Tagen und Abends steht nur die Wasserflasche auf ihrem Tische. Die Herren „Regenten" dagegen führen, im Angesichte der Untergebenen, einen sehr vornehmen und guten Tisch. Jeder dieser Herren hat jeden Mittag und jeden Abend eine Flasche guten Weines vor sich stehen. Da sitzen denn die Seminaristen und müssen die Braten und Saucen, die Weine und die anderen guten Dinge an ihrer Nase vorübertragen sehen, von denen sie Nichts bekommen. Und das geht vier Jahre lang so fort. Da haben sie also alle Gelegenheit, sich abzutödten, auf eigenes Urtheil zu verzichten, den Unterschied zwischen niederem und höherem Klerus frühzeitig begreifen zu lernen. Ich habe an und für sich nichts dagegen einzuwenden, daß die Herren „Regenten" einen besseren Tisch, als die Seminaristen führen; allein die ganze Art und Weise dieses Verfahrens im Seminare, woselbst man überall und in allen Stücken als Muster wahrer christkatholischer Frömmigkeit dastehen will, ist doch höchst sonderbar.*)

§. 87 bestimmt außerdem, daß alle Seminaristen, selbst wenn sie nach dem Kirchengebote noch gar nicht zum Fasten verpflichtet sind, doch an den Fasttagen fasten müssen.

---

eingeimpft; das Lehrbuch der Moral ist von dem Jesuitenpater J. P. Gury verfaßt, worin unter Anderm z. B. die Restrictio mentalis (Lüge) im Privatleben und vor Gericht vertheidigt (S. 125.) und die geheime Schadloshaltung (occulta compensatio) S. 169) erlaubt, und Seite 259 gelehrt wird, daß ein Richter, der von den Parteien Geschenke annehme, nicht gegen die Gerechtigkeit sündige. — In der biblischen Einleitung wurde uns das allerdümmste und unvernünftigste Zeug dictirt. So z. B. wurde der Einwand, daß zu Moses Zeit noch nicht geschrieben worden und deßhalb der Pentateuch unächt sei, damit widerlegt, daß der geistliche Professor alle Stellen aus dem Pentateuch dictirte, aus denen hervorgehe, daß allerdings schon geschrieben worden sei. Weil mir das natürlich als Dummheit vorkam, sagen jetzt noch Kollegen, die mit mir im Seminar waren, ich sei schon damals hochmüthig gewesen.

*) „Aergernisse müssen kommen," sagen so oft die Jesuiten; und weil gerade von ihnen fortwährend so viele Aergernisse ausgehen, müssen sie auch nothwendig den Klerus frühzeitig an die Ertragung derselben gewöhnen.

§. 88 der Statuten verbietet strenge, irgend etwas von Speise und Trank heimlich von Außen in das Seminar hereinbringen zu lassen. Wer so etwas thue, der beweise, daß er des geistlichen Standes gänzlich unwürdig sei.

Auch andere Bestimmungen der Statuten sind wenigstens höchst auffallend. §. 91 ordnet an, daß die einzelnen Zimmer nie so verschlossen werden dürfen, daß sie nicht zu jeder Zeit von Außen geöffnet werden könnten. Sonst möchten ja auch die Seminaristen sich heimlich zusammensetzen und Dinge besprechen, deren Besprechung den Herren „Regenten" höchst unerwünscht wäre. Deßhalb ist auch den Seminaristen strenge untersagt, das Zimmer eines Anderen zu betreten; und wenn dieß einmal mit Erlaubniß der Vorgesetzten geschieht, soll, so lange der Seminarist in dem Zimmer eines Andern sich befindet, die Thür offen stehen bleiben: Janua aperta maneat. (§. 94.) Ohne Erlaubniß sollen die Seminaristen niemals aus dem Hause gehen. (§. 96.) Wenn es aber nöthig wird, daß einmal ein Einzelner ausgehen muß, so soll ihm ein Begleiter beigegeben werden. Ebenso sollen sie mit auswärtigen Geistlichen oder Laien nicht einmal reden, ohne dazu die Erlaubniß zu haben, (§. 97.) Fremde sollen ohne specielle Erlaubniß des Regens nicht in das Innere des Seminars geführt werden. (§. 98.) Aber auch bei den gemeinschaftlichen Spaziergängen, wobei die Seminaristen durch die Stadt zwei um zwei gehen müssen, sollen sie sich nie von dem sie beaufsichtigenden Geistlichen entfernen, kein Haus oder Garten ohne dessen Erlaubniß betreten, und nicht anderen Leuten, die ihnen begegnen, sich zugesellen. Wie strenge aber diese Statuten gehandhabt werden, ergibt sich aus dem §. 111, welcher bestimmt, daß Seminaristen, welche mit Wort oder That ihre Vorgesetzten beleidigen, welche im Seminar heimlich zusammen „trinken" oder verbotene Spiele spielen, welche ohne Erlaubniß des Regens des Nachts aus dem Hause bleiben würden, sofort aus dem Seminar und zwar auf immer ausgeschlossen werden sollten*).

§. 129 sagt schließlich, daß die Seminaristen, wenn sie als junge Geistliche aus der Anstalt entlassen seien, diese Statuten stets in Achtung behalten, sie öfter lesen und erwägen sollen, auf daß sie auch in ihrem späteren Leben dem Geiste derselben nicht entfremdet würden.

„Im Seminar also werden die jungen Geistlichen zum demüthigen, widerspruchslosen Gehorsam herangezogen und praktisch darin geübt. In diesem Gehorsam werden sie als Kapläne viele Jahre lang durch drakonisch strenge Verordnungen erhalten; in diesem Gehorsam sollen sie dereinst sich als jederzeit absetzbare Pfarrer widerspruchslos anstellen lassen, und als solche stets den Befehlen ihrer geistlichen Vorgesetzten widerspruchs-

---

*) Man wende nicht ein, daß diese mittelalterlich-strengen Statuten nur als alte Tradition im Seminar bestanden; denn zur Zeit, als ich im Seminar war, wurden die alten Statuten, in Kleinigkeiten verändert, neu gedruckt; ich selbst habe damals die Revision derselben besorgt. Von Zeit zu Zeit wurden überdies über diese Statuten fortlaufende Betrachtungen von dem Regens gehalten.

los nachkommen. Wenn es aber so fortgeht, dann gibt's nach einigen Jahrzehnten im ganzen Bisthume keinen einzigen Geistlichen mehr, der in diesem offenbar unkirchlichen Zustande auch nur noch etwas Ungehöriges erblickt. Ja, die ganze Geistlichkeit ist dann recht gut disciplinirt, sie bildet dann eine bureaukratisch-centralisirte, ad nutum episcopi amovibele, d. h. auf den Wink des Bischofs bewegliche, geistliche Heerschaar. Einem herrschsüchtigen Jesuiten-Regimente mag das zwar sehr erwünscht sein; dem Geiste der Kirche aber entspricht ein solcher Zustand nie und nimmer. Und warum hält man eine solche Zucht für nothwendig?

Jetzt, mein lieber Wilhelm, wird es Dir auch klar sein, warum Dein Neffe seinen Schwarzrock lieber mit der Studentenkappe vertauschen wollte. Ich habe dieser Schilderung nur noch beizufügen, daß diese Seminarstatuten ein nothwendiges Glied in der großen geistlichen Kette der kirchlichen Verhältnisse bilden.

Lebe wohl! Sei herzlich gegrüßt von Deinem

Michael.

Siebenter Brief.

Mein lieber Wilhelm!

Wie sind denn um Himmelswillen die Jesuiten nach St. Christoph gekommen? Das ist eine Frage, mit der Du mich jetzt schon zum dritten Male bestürmst! Hat Dein geistlicher Oheim sich nicht auch darüber geäußert? — Ja, und Du sollst in dieser Angelegenheit eine Dich vollkommen zufrieden stellende Antwort erhalten! Höre hierüber mein Lieber:

Dezember 1859.

„Es ist mir unbegreiflich, wie die Regierung in der Klosterfrage sich so sehr über den Standpunkt des Recht's hinaussetzt oder denselben eigentlich gar nicht beachtet. Klöster, sagt man, müßten sein; sie bildeten ein nothwendiges Glied der katholischen Kirche, oder sie gehörten wenigstens zu ihren unentbehrlichsten Institutionen. Das gibt ja auch alle Welt gerne zu! Warum aber vergißt man, daß die Klöster stets eine freie Blüthe des katholischen Lebens bleiben müssen? und daß sie nicht dazu da sind, die Fundamentalverfassung der katholischen Kirche zu alteriren? Denn, daß die langen Vakationen der Pfarreien, und daß die Anstellung der katholischen Pfarrer „auf Widerruf" etwas ganz Unkirchliches ist, ist viel gewisser, als daß Klöster nothwendig seien.

„Zu welchen Mißbräuchen das Klosterleben, oder das Vorhandensein der Klöster, gebraucht werden kann, zeigt der Vorfall in Ilbenstadt. Der Bischof stellte an den dortigen Pfarrer das Ansinnen, daß die Kapuziner in seiner Kirche eine Mission halten sollten. Pfarrer Schneeberger weigerte sich dessen lange, so gut er konnte. Da ward ihm endlich ohne alles Weitere mitgetheilt, daß an dem vom Bischof bestimmten Tage die Kapuziner-Mission doch beginnen werde. Pfarrer Schneeberger, aus Aerger, Gram und im Gefühl der über ihn verhängten Chikanen, legte darauf seine Stelle nieder und zog sich in's Privatleben zurück. Sind denn aber die Klöster dazu da, um den Kuratklerus der Diöcese zu haranguiren? Daher kommt vielfach der Haß gegen die Klöster und klösterlichen Anstalten, weil sie da nicht „Pflanzstätten" höherer christlicher Vollkommenheit, sondern Werkzeuge in der Hand des Bischofs sind, seine Pläne und Ideen durchzusetzen.

„Noch mehr tritt das bei den Jesuiten zu St. Christof in Mainz hervor. Wenn der Bischof Jesuiten berufen will, so soll er sie hinsetzen, wohin er will, nur nicht in eine Pfarrkirche; da er kein anderes Haus für sie hat, so müßten sie wohl aus dem Lande bleiben. Wer gibt nun aber dem Bischofe das Recht, den Jesuiten eine **Pfarrkirche** zu übertragen? sie in einem Pfarrhause bleibend wohnen zu lassen? Ein solches Verfahren widerspricht allen Grundsätzen des Kirchenrechts. Das sagt man auch ganz offen in den benachbarten Diöcesen, und man spricht dabei aus, daß es ganz unbegreiflich sei, wie das Rathscollegium*) des Bischofs ihm hierin nicht widerspreche, und wie der Klerus sich nicht dagegen bei den höheren kirchlichen Behörden beklage. Als ich im vorigen Herbste auf meiner Rheinreise nach Köln kam, sagte mir sogar ein Mitglied des erzbischöflichen Kapitels daselbst, wenn alle Bischöfe so schalten und walten wollten, dann werde bald der Eine den Andern in Errichtung von Klöstern überbieten; dann hätte aber auch das Auftreten und die Wirksamkeit des Mainzer Bischofs gar nichts Außerordentliches mehr. „Wie klein", sagte er, „erscheint Ihr Bischof, sobald man an ihm sieht, daß seine Handlungsweise die reinste Willkür zur Grundlage hat! Damit würde er sich nicht einmal ein Lob, geschweige denn den rothen Rock, in Rom verdienen. Denn auch der Papst und seine Behörden halten am kirchlichen Rechte fest und dulden keineswegs ein willkürliches Regiment eines einzelnen Bischofs." Freilich hat der Papst in der Sorge für sein weltliches Königthum keine Zeit, den Bischöfen auf die Finger zu schauen, die ihm ja auch noch überdies die Petterspfennige schicken.

„Welch' erbärmliche Heuchelei liegt aber in allen Gründen, die man zur Beschönigung dieses kirchlich gewaltthätigen Verfahrens mit der St. Christophskirche beibringt? Man sagt, in der kleinen Pfarrei St. Christoph sei nur Ein Geistlicher, so und so viel Jesuiten könnten doch mehr wirken, als Ein Pfarrer. Was? Ist das ein Entschuldigungsgrund? Dann müßte der Bischof noch um so mehr die großen Pfarreien im Dom u. s. w.

---

*) Doch das ist leicht begreiflich, wenn man in Erwägung zieht, daß sogar die Mainzer Herren Domkapitularen, z. B. ein Herr Moufang, sich vom Bischof mit „Flegel" apostrophiren läßt, wie aus der veröffentlichten Klageschrift des Pfarrers Damian Kamp zu Freilaubersheim bekannt geworden ist.

und so viele andere Pfarreien auf dem Lande, wo nicht pensionirte Geistliche dutzendweise *) zur Aushilfe zu haben sind, den Jesuiten übertragen! Man sagt ferner, die Pfarrei sei ja nicht supprimirt, sie werde vielmehr von St. Quintin aus verwaltet. Weiß aber denn der Bischof nicht, daß ein jahrelanges Offenstehenlassen einer Pfarrei, und gar wie es im vorliegenden Falle beabsichtigt zu sein scheint, ein ewiges Vicarirenlassen einer Pfarrkirche, durch das kirchliche Recht geradezu verboten ist **)? Wer gibt aber einem katholischen Bischofe das Recht, sich über die Gesetze und Verordnungen seiner eigenen Kirche hinauszusetzen? Oder vielmehr, was fragt der Bischof nach den Gesetzen und Verordnungen der Kirche? Die Circumscriptionsbulle der Oberrheinischen Kirchenprovinz vom 11. April 1827 (Ad Dominici Gregis custodiam), auf welche derselbe Bischof dem Staate gegenüber so frech pocht, enthält die Bestimmung, daß, wenn eine Domkapitular- oder Dompräbendatenstelle erledigt sei, innerhalb 6 Wochen, vom Tage der Vakation an gerechnet, dem Landesfürsten vier Kandidaten vorgeschlagen, und dann abermals innerhalb 4 Wochen die betreffende Wahl vorgenommen werde. Aber was fragt der Bischof darnach? Denn bekanntlich stehen auch diese Stellen Jahrelang vakant, wie dann zur Zeit, statt vier Dompräbendaten, nur ein Einziger vorhanden ist. Die betreffende Bestimmung dieser Bulle ist unter Nr. VI enthalten. Ebenso erwähnt die Erektionsbulle (Provida solersque) vom 16. August 1816 unter Nr. XIV des Umstandes, daß bei vier Kanonikatswohnungen Gärten seien (domus, quorum quatuor hortos etiam habent adjacentes). Der Mainzer Bischof aber hat eine dieser Kanonikatswohnungen mit anliegendem Garten zu einem klösterlichen Institut (Schulbrüder) hergerichtet, und der betreffende Domgeistliche muß sich irgendwo anders in der Stadt einmiethen. An Beschönigungsgründen fehlt es aber den Ultramontanen nie.

Um nun für den Aufenthalt der Jesuiten zu St. Christoph einen Beschönigungsgrund anzugeben, sagt man, die St. Christophs-Pfarre sei zu gering dotirt, ihr Pfarreinkommen sei zu geringe! Man sollte sich aber wirklich schämen, solch' lügenhafte Einwände hervorzuziehen. Ich kenne mehr als 30 Pfarrer und Pfarrverwalter, die unserm Herrgott auf den Knieen danken, und auch dem Bischof dankbar den Ring küssen würden, wenn sie Pfarrer zu St. Christoph sein könnten. Wenn dieser Grund ziehen sollte, müßte der Bischof seine Jesuiten etwa nach Flonheim, oder nach Fürfeld, Ingelheim, Wickstadt, Engelthal, Holzhausen, Bechtheim u. s. w. setzen; jeder der dortigen Geistlichen würde gerne sein Diensteinkommen mit dem des Pfarrers zu St. Christoph in Mainz vertauschen!

---

*) Nach dem letzten offiziellen Verzeichniß der Geistlichen des Bisthums Mainz gibt es in dieser Diözese, einer der kleinsten Deutschlands, 20—25 emeritirte Pfarrer.

**) „Die gesetzliche Frist (innerhalb welcher die definitive Verleihung vorgenommen werden muß) beträgt bei den gewöhnlichen Aemtern, welche der Bischof verleiht, sechs Monate." Walter S. 425. Vgl. C. 2 X. de conc. praeb. (3. S.)

„Wer weiß aber, was der Bischof vorhat? Hat er es nicht schon als seinen Lieblingsplan offen *) ausgesprochen, die ganze Diöcese durch das **gemeinschaftliche Leben der Weltgeistlichen** (vita communis) in eine einzige große klösterliche Anstalt zu verwandeln? Freilich mußte er von diesem seinem Vorhaben durch den entschiedenen Widerstand seiner Geistlichen abstehen. Aber scheint es nicht beinahe, daß er gerade im Hinblick auf diesen Plan, und um sich für die Zukunft freie Hand zu behalten, alle Geistlichen nur „auf Widerruf" anstellt?"

„Ich habe nicht jene kindliche Gespensterfurcht vor den Jesuiten; meinetwegen kann vielmehr, wenn nur die Weltgeistlichen selbstständig dastehen, die zehnfache Anzahl von Jesuiten in unserm Lande sein **); aber mir kommen doch auch im Hinblick auf die Mainzer Jesuiten zu St. Christoph gar sonderbare Gedanken. Müßten nicht jene Herren, wenn sie so unschuldige und grundehrliche Menschenkinder wären, welche das Wasser nicht trüben, dem Bischof offen erklären: „Wir sind bereit, Dir unsere Dienste zu weihen, in Deiner Diöcese, wo immer Du willst, zu wirken und zu arbeiten: nur muthe uns nichts Unrechtes zu! Denn was wird man von unserm Orden sagen, der sich die Vertheidigung der Kirche zum Ziel gesetzt hat, wenn uns gegen das Recht und gegen die Gesetze eben dieser Kirche eine Pfarrkirche überwiesen wird, und wir ruhig uns in derselben einnisten? Gib uns also ein Haus und eine Kapelle, wo Du willst, nur Nichts von Eigenthum einer Pfarrei! Zu St. Christoph können wir zur Rettung der Ehre unsers Ordens nicht bleiben!"

Siehe, mein lieber Wilhelm, wie tief und wie klar mein Oheim diese Verhältnisse mit den Jesuiten zu St. Christoph aufgefaßt hat. Klingt das nicht ganz anders, als die erbärmliche Darstellung in den klerikalen Tagesblättern?

Lebe wohl! Sei gegrüßt von Deinem

Michael."

Achter Brief.

Mein lieber Wilhelm!

In Deinem letzten Schreiben rufst Du staunend aus: „Wie klein erscheint doch wahrlich der **große Herr von Ketteler**, wenn sein Auftreten, Schalten und Walten mit den Augen eines Eingeweihten betrachtet wird. Der ganze Glorienglanz, mit dem eine jesuitische, herrschsüchtige, unkirchlich gesinnte Partei ihn zu umgeben wußte, zerrinnt als reiner Dunst und Nebel unter den Strahlen der Sonne der Wahrheit und Wirklichkeit!

---

*) Bei Gelegenheit der geistlichen Exerzitien und bei der s. g. Diöcesankonferenz.
**) Ich bemerke, daß ich diesen Brief im Juni 1863 geschrieben, als ich noch Hospitalpfarrer zu St. Rochus in Mainz war.

Wie kann man einen Bischof mit einem kirchlichen Heiligkeitsschein umgeben wollen, von dem es doch ganz offen ist, daß er der Kirche durch sein unkirchliches und anmaßendes Auftreten tiefere Wunden schlagen mußte, als ihre erbittertsten Feinde? Ich habe mir immer den Bischof als einen überaus heiligmäßigen, tief demüthigen Mann gedacht, und, wie muß ich erstaunen, aus Deinen Briefen zu ersehen, daß er in Wahrheit eine schreckenerregende Erscheinung ist! Andere Bischöfe, ja die besaßen Demuth! Wenn sie sich auch nur ein Haarbreit im Widerspruch mit dem Geiste der Kirche wußten, scheuten sie sich nicht, alsbald umzulenken, öffentlich Buße zu thun, förmlichen Widerruf zu leisten! Der Mainzer Bischof scheint aber noch gar nicht daran zu denken, sich selbst einmal zu fragen: Besitze ich denn die priesterliche Demuth, die ein Bischof, der das Vorbild seines Klerus sein soll, nothwendig besitzen muß? Bin ich nicht dahin gekommen die bischöfliche Würde und Bürde hauptsächlich in das drohende Schütteln der Mytra und in das herrschsüchtige Aufstoßen des Bakulus (Bischofstabes) zu setzen? Habe ich Recht daran gethan, daß ich, selbst ein Neuling, gegen die Mahnung des Apostels, mein Ohr und mein Herz vorzugsweise ultramontan gesinnten Männern geöffnet habe, und daß ich mich durch sie zu manchen, den Kirchengesetzen und dem Gebrauch widersprechenden, den Klerus tief verletzenden Schritten hinreißen ließ? Ach nein! an diesen Gedanken denkt er nicht einmal! Ich glaube vielmehr, daß er sich für einen Märtyrer, oder wenigstens für einen Reformator hält, zu dessen Geschäft es eben gehört, wie weiland Dr. Martin Luther, freilich in einer andern Richtung, wenn es sonst nicht gehen will, mit Dreschflegeln drein zu schlagen!"

Ich bin, mein lieber Wilhelm, ganz erstaunt über Deine brieflichen Aeußerungen, und fast kommt es mir vor, als ob mir Deine Antwortschreiben besser, als umgekehrt Dir meine Briefe gefielen. Nun, wir Beide verstehen uns! Diesmal will ich Dir zu diesem Deinem fast melancholischen Gedanken, da es mir vorkommt, daß Du dabei mit besonderer Vorliebe verweilst, einigen interessanten Stoff aus den Papieren meines geistlichen Oheims vorlegen!

Juli 1863.

„Getreu den an uns ergangenen Befehlen habe ich mit großer Mühe Alles zur bevorstehenden Firmungsfeierlichkeit vorbereitet. Was thut man nicht alles um den, wenn auch oftmals durch ein pharisäisches Kirchenregiment irre geleiteten, Forderungen des Gewissens nachkommen? Freilich, wenn man schon vor der Firmung wüßte, was sich während derselben ereignen würde, ich glaube, mancher Pfarrer würde, statt Monate lang Lieder und Gesänge u. s. w. zum feierlichen Empfang des Bischofs vorzubereiten, sich lieber ein Paar geistliche Skribenten aus einer bekannten Kongregation zu Rom heimlich mit großen Geldopfern kommen lassen, auf daß diese als authentische Notare einmal dem Papst und seinen Kardinälen klaren Wein über das Jesuiten-Regiment einschenken würden. Dieses Geld wäre gut angewendet und brächte gewiß seine Frucht, während der Wald von Maien, mit denen die Gemeinden geschmückt werden, bis jetzt keine genießbare Frucht hervorgebracht, sondern immer nach ein Paar Stunden den Gestank der Verwesung zurückgelassen hat.

„Also Firmung! O schreckliches, Mark und Bein durchdringendes Wort! Aber auch — o Schande! o Schmach! Als ich bereinst, in der Blüthe meiner Jugend, kaum 24 Jahre alt, meine Primiz feierte, was war das für mich ein Tag seliger Freude! Gesegnet sei jene Stunde, da ich noch keine Ahnung davon hatte, wie es mir in meinen alten Tagen unter einem jungen Polterregiment ergehen werde! Aber verflucht, ja verflucht sei die Stunde, in der ich mich zum ersten Male zum sklavischen Ringkuß habe verführen lassen! Ach, wäre ich nur noch jung!*) Besäße ich doch noch die Kraft, meine Gedanken so auszusprechen, wie ich, Gott sei Dank dieselben noch niederschreiben kann! Also, die erste, seligste Freude meines Lebens war meine Primiz, und welcher Tag war wohl der zweite größte Freudentag desselben? Das war die Ankunft des damaligen Bischofs in der Gemeinde, in der ich als Kaplan angestellt war. Wie freute sich mein alter Pfarrer als es hieß, „der hochwürdigste Herr kommt zur Firmung!" Wie freuten wir uns während seiner Anwesenheit! Wie trug alles dazu bei, das Band der Treue und der Liebe, der lautersten, ungeheuchelten Hingebung und Verehrung, das uns mit unserm Bischof damals verband, zu weihen und zu befestigen! Wie schwärmte ich damals in heiliger Freude in dem Gedanken, daß auch dereinst in meinen alten Tagen die Ankunft meines Bischofs mir zur Auferbauung, zur Freude, zum wahren Troste, den ja fast kein Mensch mehr, als ein einsam dastehender Pfarrer bedarf, gereichen würde. Aber nochmals, o Schande, wie hab ich mich getäuscht! Wie ist Alles jetzt so ganz anders geworden!

„Kaum hatte der junge Herr von Ketteler den Bischofsstab ergriffen, da wurden auch schon die bischöflichen Firmungsreisen, wenn gleich äußerlich prunkvoll und Aufsehen erregend, in schreckenverbreitende Visitationsreisen verwandelt. Was sind die zahlreichen Ehrenpforten, Inschriften, Blumenkränze u. s. w. anders, als Kirchhofsblumen, die nur den Geruch des Moders und der Verwesung verhüllen!

„Bereits im Frühjahr 1851 erschien eine vom 24. April datirte bischöfliche Verordnung, betreffend die **bischöfliche Visitation**. Sie beginnt mit den omnipotenten Worten: Bevor ich meine Rundreise in der Diöcese wegen Ausspendung des heil. Sakramentes und Vornahme der **bischöflichen Visitation** antrete, sehe ich mich veranlaßt, auf folgende Punkte aufmerksam zu machen." Unter diesen Punkten heißt es dann: „Zu Tische sind außer der Ortsgeistlichkeit höchstens die Lehrer zuzuziehen; auswärtige Geistliche sind nicht einzuladen, **damit ich mich um so ungehinderter mit der Visitation der Pfarrei beschäftigen kann.**" Daraus konnte man schon ahnen, wie viel Uhr geschlagen habe. Auch gingen die einzelnen Pfarrer zusammen und theil-

---

*) Diese Aeußerungen habe ich oftmals aus dem Munde älterer Pfarrer vernommen.

ten sich ihre Besorgnisse mit. Wir sprachen viel darüber auf dem Namens=
feste eines inzwischen in die Ewigkeit gegangenen Pfarrers.

„Dieser Herr, der mehr Glauben, Anhänglichkeit an die Kirche und
ungeheuchelte Frömmigkeit in Einer Ader, als der gegenwärtige Bischof
in seiner ganzen Person, besaß, beruhigte uns damals. Er sprach: „Meine
lieben, guten Confratres! Es ist nothwendig, daß der Bischof ein neues
kirchliches Leben hervorruft. In dem seitherigen Schlendrian kann es
nicht fortgehen! Ein erneuertes, religiöses, frisches Leben müssen wir
aber Alle mit Freuden begrüßen! Der junge Bischof scheint ein Mann
zu sein, der in der unbedingtesten Treue an den Gesetzen der Kirche
festhält. Wir dürfen also uns vertrauensvoll ihm in die Arme werfen."
Ach, der arme, gute Mann, wie hat er sich getäuscht! Als ich später
an seinem Sterbebette stand und ihm die letzten Dienste in seinem Leben
aus treuer Freundschaft erwies, da sprach er zu mir wenige Stunden vor
seinem Tode: „Freund **! Sieh' ich würde noch leben! Aber ach, der
Gram! der Gram! der Bischof!" Ich weiß nicht, ob er es mit oder ohne
Bewußtsein gesprochen; aber gehört hab' ich es aus seinem sterbenden
Munde! Und geglaubt hab' ich es ihm gerne; denn die Erfahrung ist
des Menschen beste Lehrerin!

„Ja, Freund *** hatte sich getäuscht! Bei dem erwähnten Namens=
feste nahm er das Konzilium von Trient zur Hand und las uns die Pflichten
der Bischöfe vor. Ich sehe ihn noch, wie er mit dem Buche dastehend
ausrief: „Monebunt!" (sie werden mahnen) *). Das Konzil erlaubt nicht
dem Bischof, ein klerikales Hochmuthsregiment zu führen, sondern befiehlt
ihm, als demüthiger Nachfolger der Apostel zu wandeln, von denen
Christus gesagt hat: „Die Großen und Vornehmen dieser Welt wollen
herrschen und lassen sich „Gnädige Herren" nennen; nicht aber so sei
es bei Euch! sondern wer der Vornehmste ist, der sei wie der Geringste,
der Meister wie der Schüler! — Darum sagt das Konzil **): die Bi=
schöfe sollen ihre Geistlichen **ermahnen**, ihren Pflichten nachzukommen;
sie selbst aber, die **Bischöfe**, sollten **Niemanden einen Anstoß
geben, auf daß ihr Amt nicht getadelt werde** †)! Warum,
setzte er fragend bei, sollen wir uns also vor dem Bischof fürchten, der
ja als unser Oberhirte, nicht aber als unser Zucht= und Polizeimeister zu
uns kommen darf?" Aber ach! Die Liebe und Milde des Oberhirten hat
der Bischof dem Konzil von Trient großmüthig und „gnädig" geschenkt.
Was braucht er sich auch Rathschläge von dem Kirchenrathe von Trient
geben zu lassen, hat er ja doch einen weitaus vortrefflicheren und un=
mittelbarer von dem heil. Geiste erleuchteten Rath in den Jesuiten. Die
Milde und Hirtensanftmuth des Konzils von Trient haben diese, unter

---

*) Conc. Tried. Sessio XIV de Reformat Pocemium.

**) „Die Bischöfe sollen eingedenk sein, daß sie Hirten, nicht aber Zuchtmeister
sind, und ihren Untergebenen so vorstehen, daß sie nicht dieselben dominiren, sondern
sie als Söhne und Brüder lieben." Conc. Trid. Sess. XIII. Cap. de Reformat.

†) 2. Cor. 6, 3,

die Peterspfennige verpackt, dem milden „Pius IX." nach Rom gesandt, dagegen das „Kirchenregiment," das „blaue Soutansregiment," das „Jesuitenregiment" und wie die geistlichen Regimenter sonst noch heißen mögen, aus den viel älteren pseudoisidorischen Dekretalien herausgewühlt, die, wie der selige Professor Riffel sogar auf dem Katheder des Mainzer Seminars es aussprach, zur Zeit des eisernen Jahrhunderts in Mainz fabricirt und lügenhaft dem Kirchenvater Isidor zugeschrieben worden sind. Die jungen Wühler haben sich aber, wie das bei einer staubigen Bibliotheksarbeit nicht anders möglich ist, dabei sehr staubig gemacht!! Doch zur Sache!

„Also der Bischof kommt! In diesem Jahre wird er firmen! Doch, bei Gott! firmen? Nein, Visitation halten! Was wird er denn visitiren? Nun, vor Allem das Pfarrhaus, die Kirche, die Schule, die Gemeinde, den Beichtstuhl u. s. w. u. s. w. Womit also jetzt beginnen, daß Alles glatt und ohne Unannehmlichkeit abgeht? So sprach ich schon mehrere Wochen vorher.*)

„Die Zeit kommt immer näher! Die Burschen üben sich ein, die Ehrenreiter abzugeben. Die Mädchen streiten unter sich, wer das Gedicht vortragen, die Jungen in der Schule, wer das schönste Reimchen aus dem Katechismus aufsagen darf. In die ganze Gemeinde kommt ein ungewöhnliches Leben und Treiben. Wer nur irgend kann, läßt sein Haus neu anstreichen, den Garten kunstgerecht herstellen. Die Fenster werden von langjährigem Staub gereinigt. Schneider, Schuhmacher und Nähmädchen haben über und über zu arbeiten. Die Kirche steht schon da, blank und rein, ausgescheuert von unten bis zum alten Hahne auf dem Kirchthurme! Grünende Maien werden herbeigeschafft, man holt sie stundenweit aus dem Wald. Kein Haus, worin nicht Kränze gewunden und Vorbereitungen auf den großen Freudenfeiertag der bischöflichen Ankunft getroffen werden. Die Kinder laufen auf der Straße herum und üben sich das Handgeben, das „Gelobt sei Jesus Christus!" und vor Allem das Ringküssen endlos ein.**) Die Meßbuben werden fast rasend vor Eifer, dem alten Vater will daheim vor lauter Confiteor u. s. w. der Kopf zerspringen. Die Fahne wird auf dem Kirchthurm aufgepflanzt; die Ehrenpforten, das „Willkommen!" tragend, stehen stolz da, sehnsüchtig dem Augenblick entgegenharrend, wo der Erwartete, der im Namen des Herrn Kommende, durch sie einziehend, sie eines freundlichen Blickes würdigt. Die Schützen haben die Böller aufgepflanzt und freuen sich schon im Voraus unendlich auf den weithin wiederhallenden Donner ihres Geschützes!

„Schule und Pfarrhaus ist vom Keller bis zum Speicher herauf blank geputzt, mit Blumen und Kränzen geschmückt. Meine alte Haushälterin hat die feinsten Linnen hervorgeholt, Küche, Keller und Schlafkabinet auf

---

*) Die nachfolgende Schilderung ist, wie alle katholischen Pfarrer des Mainzer Bisthums wissen, nur allzu milde. Ich selbst habe eine bischöfliche Firmung erlebt, als ich Kaplan zu Herbstein im Vogelsberg war.
**) Der Mainzer Bischof hat ausdrücklich befohlen, daß die Geistlichen die Leute zum Ringkuß anhalten sollten.

das Aufmerksamste zugerüstet. Vom Auf- und Ablaufen, vom Nachsehen, Sorgen ist sie ganz ermattet. Es wäre rein unmöglich, daß sie das Alles thun könnte, wenn sie nicht der Gedanke beseelen würde: „der Hochwürdigste Herr kommt!"

„Endlich naht die Stunde! Feierliches Geläute ertönt, die Böller knallen, mit Kreuz und Fahnen zieht die Gemeinde dem Ersehnten entgegen.*) Alles ist froh und freut sich, nur der Pfarrer und der Lehrer machen eine Ausnahme. Sie möchten gerne froh sein und, da sie es nicht sein können, sich wenigstens froh stellen.

„Der Bischof kommt! Sein Kaplan und sein Bedienter umgeben ihn geschäftig. Ich trete heran und empfange ihn mit einigen wohl erwägten Worten: aber der Bischof dankt nur mit ernstem Kopfnicken, und jeder Zug seines Gesichtes ruft mir zu: „Wart nur, ich werde mit Dir reden!" Jetzt geht der Zug durch die Ehrenpforte **) nach der Kirche, woselbst die vorgeschriebene Ceremonie beim Empfang des Bischofs statt hat. Der Bischof hat mich bis jetzt noch keines freundlichen Blickes gewürdigt, ich weiß nicht warum? Er verkündet, ohne mich nur andeutend gefragt zu haben, in strenger Amtsmiene die Gottesdienstordnung für den folgenden Tag. Auch sagt er, er werde heut Abend mit seinem Kaplane zur Beichte sitzen, der Pfarrer aber nicht. Ich hatte so wie so kein Verlangen darnach; aber warum hat er es mir nicht allein, sondern vor der ganzen Gemeinde gesagt? In der Kirche sieht er sich nicht anders um, als wie ein reisender Engländer, der eine Abhandlung in ein Touristenbuch schreiben will. Die Meßdiener, den Lehrer, den Glöckner, mustert er mit eiskalten, furchterregenden Blicken. Im Pfarrhause wird er mit gutmüthiger Freundlichkeit empfangen, aber man merkt es ihm alsbald an, daß er nicht als „Gast", wenn auch als der ehrenwertheste, sondern als der „Herr" aufgenommen und behandelt sein will. ***)

„Unterdessen ist es Abend geworden. Die weltlichen Mitglieder des Kirchenvorstandes werden vor den „gnädigen Herrn" zitirt. Sie werden, ohne daß ich dabei sein darf, über verschiedene Gemeindeverhältnisse und über mich ausgefragt; und als sie, von demselben entlassen, aus dem Pfarrhause gehen, wirft mir der Bürgermeister, der staubiges Mitglied dieses Kirchenvorstandes ist, einen gutmüthigen, traurigen, vielsagenden Blick zu. Nun geht es zum Abendtisch. Kaum hatten wir uns nach dem Gebet niedergelassen, als ein erstes, vernehmliches, fernes Rollen eines über mich heranziehenden Ungewitters laut wurde. Ich muß mich schrecklich ungeschickt und tölpelhaft benommen haben, ich weiß es nicht mehr

---

*) Auch das hat der Bischof ausdrücklich angeordnet. Sein Vorgänger, der selige Bischof Kaiser, hatte sich in einer Verordnung vom 5. März 1836 die auffallenden Aeußerlichkeiten verbeten. § 8 dieser Verordnung sagt: „ich werde bei dem Pfarrhause anfahren."

**) Die Ehrenpforten werden auf ausdrückliche Mahnungen des Bischofs errichtet.

***) Dies geht aus der grundfalschen Auffassung hervor, als seien die Pfarrer nur Stellvertreter des Bischofs, während nach dem Kirchenrecht ihr Amt, ähnlich dem der Bischöfe, von göttlicher Einsetzung ist, das ihnen unter eigener Verantwortlichkeit anvertraut wird. Walter, Kirchenrecht. §. 149. Seite 281.

recht; aber ich habe das Verbrechen begangen und sprach zufällig das Wort „Haushälterin" aus. Nun, das ist doch gewiß eben so wenig etwas Böses, als eine Haushälterin selbst nothwendig etwas Böses sein müßte. Aber kaum war mir dieses Wort in der zufälligsten Weise entschlüpft, als der Bischof mich anfuhr: „Abah! Dienstmagd! Reden Sie mir nichts von einer Haushälterin!" Dann schüttelte er den Kopf wie ein junges Roß und murmelte: „Haushälterin! was eine Dummheit!" Daß nicht mehr viele andere erbauliche Dinge zur Sprache kamen, versteht sich von selbst. Der Bischof fragte mich, wie lange ich den Firmunterricht ertheilt habe, und als ich es ihm offen und ehrlich sagte, schimpfte er mich wie einen kleinen Jungen. Nach dem Tischgebet begab er sich in den Beichtstuhl und verweilte darin lange, ich glaube es war 10 Uhr Abends, als er ihn verließ.

„Am nächsten Morgen hielt er frühe die hl. Messe, reichte darunter den Firmlingen die hl. Kommunion. Aber das Alles kam mir nicht als eine hl. Verrichtung, sondern als eine reine Visitation vor. Ein merkwürdiger Mann von einem frommen Bischof! Jedes einzelne der verschiedenen Gewänder, womit er sich umkleidete, Altartücher u. s. w. wurden fortwährend bei der Messe visitirt. Beim Offertorium wurde die Hostie von ihm für unbrauchbar gefunden, ich weiß nicht weßhalb; der Kelch wurde genau inspicirt, das bischöfliche Haupt oftmals dabei ganz ernst geschüttelt. Als zur Kommunion der Firmlinge der Tabernakel geöffnet wurde, und die ganze Gemeinde andächtig auf die Brust klopfte, visitirte er den Tabernakel, und reichte in fortwährend aufgeregtem inneren Zustande, es kam wenigstens mir und Allen, die darauf achteten, so vor, den Firmlingen die hl. Kommunion. Nach seiner Messe visitirte er die übrigen Altäre, während noch die Kommunikanten andächtig ihre Gebete verrichteten. Er muß hier und da etwas gemerkt haben, was ihm durchaus mißliebig war, ich weiß zwar nicht was, aber ich sah, daß die Leute fortwährend ängstlich aufschauten. In der Sakristei sah er nach dem Kirchen-Weißzeug, das ich so rein hatte waschen und bügeln lassen, daß ich meine wahrhafte Herzensfreude daran hatte. Ihm aber wollte Alles nicht gefallen. Soll ich die Bemerkungen niederschreiben, die er dabei machte? Nun, sie waren ganz unbischöflich, und das mag genug sein! Auch weiß ich nicht, ob den Waschweibern oder Betschwestern damit gedient wäre.

„Als er darauf im Pfarrhaus sein Frühstück einnahm, kam meine Haushälterin vor Bestürzung fast ohnmächtig zu mir, und erzählte, der Bischof habe sie, als sie nach dem Zucker oder etwas Derartigem habe sehen wollen, fast zur Thüre hinausgeworfen. Doch setzte sie ruhig hinzu: „Geduld, der Tag geht auch noch herum!" Während des Hochamtes, das ich in seiner Gegenwart halten mußte, kniete er sich auf einen Kniestuhl so an den Altar, daß er mich genau beobachten konnte. Wenn ich auf einer Folterbank aufgespannt gewesen wäre, wäre es mir erträglicher vorgekommen, als dieser Akt. Ich glaub', ich hab' vor Angst und Verzweiflung ein Paar Kreuz zu viel oder zu wenig gemacht; denn ich bemerkte einmal ganz genau, wie er, weit über den Betstuhl sich vorbeugend, ganz befremdend auf den Altar schaute. Die armen Meßbuben waren gleich mir und dem Lehrer kreideweiß vor Furcht und sie hatten sich doch vorher so sehr auf die Ankunft des Bischofs gefreut!

„Nach dem Amt bestieg er die Kanzel — um zu predigen? Nein! Ich kann das wenigstens keine Predigt nennen! Es wurden von ihm in ernst bitterer Weise alle Verhältnisse des Ortes gegeißelt, und nicht wenige Hiebe fielen davon auf mich. Mehrmals sah ich den Leuten an, daß sie, als er allerlei mich angehende Verhältnisse, z. B. Beichtsitzen, Schulbesuch, Krankenpflege, Aergernisse u. s. w. berührte, roth vor Schaam wurden. Ich saß vorn am Altar, und gut war es, daß ich mir einen Stuhl in die Kirche hatte bringen lassen, denn, wahrlich, sonst hätte ich mich vor Zittern und Beben nicht auf den Füßen aufrecht halten können. Und das soll ich Predigt nennen? Nein! Niederreißen ist's, ohne Auferbauen!

„Nach Beendigung der heil. Firmungs-Ceremonien ging's zum Mittagstisch. Schon hatte mich der Bischof so unbelikat behandelt, daß ich eine große Revanche an ihm zu nehmen beschloß. Ja, hört es, ihr folgenden Geschlechter! wie sich ein Pfarrer an seinem Bischof gerächt hat! Ich beschloß schnell und entschieden, ihm — nicht meinen besten Wein vorzusetzen! Und damals glaubte ich noch ein halbes Jahr lang nachher, daß ich eine kühne That verrichtet hätte! Ach, freilich, wir Pfarrer haben uns schwer am Bischof versündigt, dadurch, daß wir ihm gleich Anfangs in seinem junkerhaften Benehmen nicht entschieden den Pfad gezeigt haben. Wenn er in späterer Zeit, was gewiß nicht ausbleibt, schrecklich viel deßwegen wird leiden müssen, so tragen wir eine nicht geringe Schuld daran.

„Während des Mittagsessens erkundigte sich der „gnädige Herr" hauptsächlich um Schulangelegenheiten, sprach vom Katechismus, von den Lehrern u. s. w. Ich schilderte ihm den Fleiß, womit die Kinder den Katechismus gelernt hätten und sprach meine Erwartung aus, daß es ihm in der Schule gut gefallen werde. Aber die ernste eiserne Miene, mit der er meine Worte hinnahm, bekundeten mir nichts Gutes. Und ich sollte mich leider nicht getäuscht haben! Denn bald nach dem Tisch ging's zur Schule. Ich habe nie einen Menschen, auch nicht den allerwiderwärtigsten Lehrer, jemals so unfreundlich in einer Schule gesehen, als den Bischof von Mainz *). Die Kinder geriethen aber auch alsbald in Furcht und Schrecken. Der Lehrer verstand vor Angst nicht zu fragen, die Kinder getrauten nicht zu antworten. Ich kann es aber weder dem Lehrer noch den Kindern verübeln; denn es ging mir genau gerade so: ich konnte weder eine geschickte Frage stellen, noch auch, wenn mich das kleinste Kind gefragt hätte, eine geschickte Antwort ertheilen. Das Ende vom Lied war, daß der „gnädige Herr" höchst ungnädig mit uns umging; wir wurden in Gegenwart aller Kinder, des Bürgermeisters und der Mitglieder des Schulvorstandes so derb heruntergeschimpft, daß ich mich noch

---

*) Davon wissen die Lehrer viel zu erzählen. Zu Herbstein schimpfte der Bischof erst den Lehrer, darauf mich, den Kaplan und bald darauf auch meinen Pfarrer, und zwar deßhalb, weil wir den armen Kleinen, die auf des Bischofs Fragen vor Furcht nicht antworten konnten, durch freundliches Zureden etwas Vertrauen einflößen wollten.

ein ganzes Jahr lang vor den Schulkindern geschämt habe, und daß seit dieser Zeit die Ertheilung des Religionsunterrichtes in der Schule, was früher meine liebste und angenehmste Beschäftigung war, mich wahrhaft anekelt. Aber fest vorgenommen habe ich es mir, nie und nimmer in Gegenwart des Bischofs in der Schule zu katechisiren.

„Noch mehr als mich selbst, habe ich meinen Lehrer bedauert. Was hat der sich nicht in den drei Jahren mit dem Katechismus abgeplagt! Wie heiß und sauer ist es ihm während des Winters und in der drückenden Sommerhitze, wo die Kinder den ganzen Tag auf dem Felde liegen, geworden, das vorgeschriebene Pensum durchzubringen! Freilich, Herr v. Ketteler hat, wie kein Verständniß von Katechese — hierin sind alle Geistlichen, die ich darüber reden hörte, einig — so auch gar kein Verständniß von einer Volksschule auf dem Lande. Er ist ja auch nicht unter unserem Volke, sondern unter Junkern aufgewachsen. Wer versteht jetzt nicht auch das Auftreten der Lehrer??

„Als die Schulvisitation zu Ende war, ging's in's Pfarrhaus zurück. Jetzt wurde ich in's Examen genommen. Was der Bischof mit mir allein geredet hat, weiter zu erzählen, dafür bin ich doch zu edel, obgleich ich nicht von Abel bin. Nur das will ich sagen: besäße der Bischof nur einen Funken von echtem Abel, nur einen Funken von der Edelmüthigkeit, womit sein Klerus ihm seine Launen verzeiht, dann hätte er nicht auf Grund einer niederträchtigen Verläumbungsschrift mich von vornherein mit Mißtrauen behandelt, und er hätte wenigstens die Verantwortung nicht, daß ich seit jener Stunde unabläffig Tag und Stunde verwünsche, da ich die heil. Weihen empfing! Damals faßte ich auch den Entschluß, diese meine Erfahrung zum Nutzen der Nachwelt niederzuschreiben. Mag auch ein fanatischer Mensch darüber den Stab brechen: mein Vorhaben ist ein für allemal ein heiliger Schwur!

Der Bischof verließ gegen 4 Uhr Nachmittags die Gemeinde. Ich küßte ihm beim Abschied den Ring. Dem Sinne dieses Ringkusses bleibe ich treu bis in den Tod: treu meinem Gewissen, treu meiner Ueberzeugung. Aber um eine große Erfahrung bin ich reicher geworden, daß nämlich ein katholischer Bischof noch lange nicht die katholische Kirche ist.

„Ich ging nach Hause. Noch standen die Leute schaarenweise im Dorfe zusammen und unterhielten sich über die Vorgänge bei der „Firmung." Ich aber stand schon an meinem Pult und begann den ersten Bogen aus den Erinnerungen meines Pfarrlebens zu schreiben."

Mein lieber Wilhelm! Was sagst Du nun? Wirst Du mir jetzt noch einmal schreiben, daß der Pfarrer Damian Kamp zu Freilaubersheim Unrecht gehabt hätte, als er die bekannte Anklageschrift nach Freiburg schickte? Aber sage mir, hat der Klerus Recht daran gethan, diesen Pfarrer damals in der Klemme stecken zu lassen?

Schreibe mir, ob Du jetzt noch mehr von meinem Onkel wissen willst!

Sei herzlich gegrüßt von Deinem

Michael.

Als Anhang lasse ich hier die 148 Fragen folgen, deren Beantwortung von jedem Pfarrer und Pfarrverwalter der Diöcese am 15. Januar eines jeden Jahres dem betreffenden Dekan als Rechenschaftsbericht des verflossenen Jahres einzusenden ist. Ich werde diese Fragen, die bestimmt sind, eine geregelte Landesspionage und einen Staat im Staate aufrecht zu erhalten, mit Anmerkungen beleuchten und schicke nur noch voraus, daß, um den einzelnen Geistlichen gänzlich die Hände zu binden, der betreffende Dekan die Beantwortung dieser Fragen m i t s e i n e m G u t a c h t e n v e r s e h e n, dem bischöflichen Ordinariate einschicken muß. Die Fragen selbst lauten:

1. Aeußerer Stand der Gemeinde und der Pfarrei.

1. Wie groß ist die Gesammtseelenzahl der Gemeinde? Wie viel Katholiken in wie viel katholischen Familien? Wie viel Altkatholiken? Wie viel Juden?*)
2. Wie viele Geburten fanden im verflossenen Jahre statt, und zwar: a) wie viele eheliche? b) uneheliche?
3. Wie viele Kinder sind in den letzten zehn Jahren geboren worden, und zwar: a) eheliche? b) uneheliche?
4. Das wievielste Kind in diesen zehn Jahren ist unehelich?
5. Fanden Auswanderungen von Katholiken statt? Wie viele Personen und darunter wie viele schulpflichtige Kinder?
6. Fanden Conversionen statt und welche?**)
7. Fanden Apostasien statt und welche?
8. Wie viele Todesfälle fanden im verflossenen Jahre unter den Katholiken statt: a) bei Kindern unter 6 Jahren? b) unter 14 Jahren? c) bei Erwachsenen über 14 Jahren? wie viele durch Selbstmord? e) wie viele durch Verbrechen?
9. Was hat sich sonst Merkwürdiges in der Gemeinde ereignet? (Was doch nicht Alles den Bischof angeht!)
10. Ist die Pfarrchronik nach Vorschrift geführt?
11. Was ist bezüglich a) der Kirche, b) des Pfarrhauses, c) des Friedhofs, deren Unterhaltung und Beschaffung zu wünschen?
12. Sind im verflossenen Jahre Kirchengeräthschaften, Paramente, Weißzeug angeschafft oder reparirt worden und welche? Ist letzteres nach Vorschrift von Leinen? Was wird in dieser Beziehung noch vermißt?

2. Oeffentlicher Gottesdienst.

13. Welche Gottesdienstordnung besteht für die gewöhnlichen Sonn- und Werktage?
14. Beginnt der Gottesdienst an Sonn- und Werktagen zu einer bestimmten, der Gemeinde bekannten Stunde und zu welcher?
15. Wie war der Besuch des Gottesdienstes a) an Sonn- und Feiertagen, Vor- und Nachmittags? b) an Werktagen?
16. Sind die Andachten und Stiftungen verkündet und gehalten worden?
17. Wie viele Stiftungen bestehen und welche kamen neu im verflossenen Jahre hinzu: a) an Engelämtern? b) Rorateämtern? c) Anniversarien? d) sonstigen Aemtern? e) stillen heil. Messen? f) anderen Andachten?

---

*) Was gehen der katholischen Kirchenbehörde die Altkatholiken und Juden an?

**) Da viele Geistliche, um eine gute Pfründe zu erhaschen, von ihrem Bischof als seeleneifrige Priester angesehen sein wollen, so liegt hierin der Grund von so vielen fanatischen Conversionen!

18. Wurden von den gestifteten hl. Messen eine Anzahl auswärts besorgt? Mit oder ohne Erlaubniß des bischöflichen Ordinariates?
19. Ist das Stiftungsbuch vollständig und nach Vorschrift geführt?
20. Wird der Meßwein vom Pfarrer geliefert?
21. Von wem werden die Hostien angekauft und aufbewahrt?
22. Haben außerordentliche Binationen stattgefunden? wieviele? aus welcher Ursache? mit welcher Erlaubniß?
23. Ist an jedem Sonn- und Feiertage geprebigt worden?
24. Wieviele dieser Predigten hat der Pfarrer, wieviele der Kaplan gehalten?
25. Haben auch manchmal fremde Priester geprediget? wie oft? und bei welchen Gelegenheiten?
26. Wird das Predigtbuch vollständig und nach Vorschrift geführt?
27. Wurde jeden Sonntag Nachmittag der christliche Unterricht für die erwachsene Jugend abgehalten? was wurde in demselben durchgenommen?
28. Welche Bruderschaften bestehen in der Pfarrei und mit welchem Erfolge? Wird ein Verzeichniß der Mitglieder geführt? Wieviele neue Mitglieder wurden im verflossenen Jahre aufgenommen? (Jesuitische Verbreitung des veralteten Bruderschaftswesens.)
29. Welche sonstige religiöse Vereine bestehen in derselben, und mit welchem Erfolge? (Empfehlung der ultramontanen Vereine.)
30. Welche Benediktionen fanden statt, und nimmt die Gemeinde lebendigen Antheil daran?
31. Welche Prozessionen werden gehalten, und welchen Antheil nehmen die Gläubigen daran?
32. Welche Wallfahrten pflegen vorzüglich von den Ortseinwohnern besucht zu werden? (Empfehlung des Wallfahrtens.)
33. War im verflossenen Jahre eine außerordentliche kirchliche Andacht? mit welchem Erfolge?
31. Wann war die letzte Mission? von wem gehalten? Zeigen sich die Wirkungen nachhaltig? (Aufoktroyrung der Kapuziner-Missionen.)

3. Ausspendung der hh. Sakramente und was damit zusammenhängt.

35. Sind Haustaufen häufig vorgekommen und aus welchen Ursachen?
36. Geschehen auch Taufen erst nach dem achten Tage oder noch später?
37. Bestehen Mißbräuche in Bezug auf die Wahl der Pathen?
38. Ist die Hebamme gehörig unterrichtet, um die Nothtaufe vornehmen zu können?
39. Haben sich die Wöchnerinen in der Kirche aussegnen lassen? oder aus welchen Gründen geschah dies nicht?
40. Sind die Taufbücher vollständig und nach Vorschrift geführt?
41. Wann war die letzte Firmung und wieviele wurden dabei gefirmt? Haben sich alle firmen lassen?
42. Wie war der Vorbereitungsunterricht auf das heil. Sakrament der Firmung eingerichtet?
43. Ist das Firmungsbuch vollständig und nach Vorschrift geführt?
44. In welcher Zeit hat der Unterricht für die Erstkommunikanten begonnen? Wurde derselbe für die Erstkommunikanten allein ertheilt? In wieviel Stunden wöchentlich?
45. Wieviel Altersdispensen wurden bei Neukommunikanten ertheilt?
46. Mußten Kinder über das 14. Jahr zurückgestellt werden, und warum?
47. Wie viele Erstkommunikanten waren im verflossenen Jahre? Wird das Erstkommunikantenbuch geführt?
48. Wie oft geht die Christenlehrjugend in der Regel zur heil. Beichte und Kommunion?
49. Wie stark ist die Zahl der Kommunikanten und wie groß war die Zahl der Kommunionen im ganzen Jahre?

50. Wie viele in der Pfarrei haben die österliche Kommunion unterlassen und wie wurden diese von dem Seelsorger ermittelt? (Ultramontane Gemeinde-Spionage und jesuitischer Gewissenszwang.)
51. Wie geschah die Krankenkommunion, öffentlich oder nicht?
52. Sind im Laufe des verwichenen Jahres Kranke ohne die heilige Wegzehr gestorben? Wer waren diese? Warum wurden sie nicht versehen?
53. Auf welchen Filialorten wird das Sanctissimum aufbewahrt?
54. Wie oft und wann ist die Schuljugend im verflossenen Jahre zur hl. Beicht gegangen?
55. Ist an den Vorabenden und an jedem Morgen der Sonn- und Feiertage immer zur Beicht gesessen worden?
56. Haben während der österlichen Zeit und bei besonderen Concursen auswärtige Beichtväter Aushilfe geleistet?
57. Wo wird das heilige Oel aufbewahrt?
58. Wieviele starben ohne die heil. Oelung: a) an Schulkindern? b) an Erwachsenen? Was war hiervon die Ursache?
59. Wird für alle Geistliche der Pfarrei ein gemeinsames Krankenbuch geführt?
60. Wird an den Quatembertagen das vorgeschriebene Gebet um würdige Priester verrichtet?
61. Ist mit den Brautleuten das Brauteramen vorgenommen worden? oder aus welchen Gründen nicht?
62. Wieviele Kopulationen haben stattgefunden? wieviele gemischte Paare haben die kirchliche Einsegnung nicht erhalten und wieviele Dimissoriales wurden ertheilt?
63. Welche Ehedispensen wurden erwirkt: a) in impedim. imped.? b) in impedim. dirim.?
64. Wieviele a) getrennte, b) wilde (auch Civil-), c) gemischte Ehen finden sich vor? wieviele davon aus dem letztverflossenen Jahre?
65. Haben etwa einige Brautleute die hh. Sakramente vor der Trauung nicht empfangen? und warum?
66. Welche Schritte sind bereits geschehen, die getrennten und wilden Ehen zu beseitigen?
67. Bei wieviel gemischten Ehen ist die Kinder-Erziehung a) katholisch? b) gemischt? c) protestantisch?
68. Wie viele Kinder wurden per subseq. matrim, legitimirt und in wie viel Ehen?
69. Wurden im letzverflossenen Jahre Eheprozesse anhängig, und erfolgten Urtheile über Ehescheidung?
70. Sind die Trauungsbücher vollständig und nach Vorschrift geführt?
71. Mußte Jemanden das kirchliche Begräbniß verweigert werden? in welchen Fällen?
72. Wieviele Beerdigungen fanden ohne Begleitung des Geistlichen statt?
73. Ist's Sitte in der Gemeinde, daß für jeden Verstorbenen das heil. Meßopfer verrichtet wird?
74. Welcher Brauch besteht bei den notorisch Armen?
75. Ist das Sterbebuch vollständig und nach Vorschrift geführt?

4. Sittenzucht.

76. Fanden Störungen der Sonntagsfeier statt, und was ist dagegen gethan worden? (Ueberwachung der Ortspolizei.)
77. Wurden während des sonn- und feiertägigen Gottesdienstes die Wirthshäuser besucht?
78. Steuerte die Polizei den Unordnungen, Nachtschwärmereien und dem späten Wirthshausbesuch?
79. Wie oft und an welchen Tagen fand Tanzmusik statt?
80. Welche Zeitungen werden besonders in der Gemeinde gelesen und in welcher Anzahl? (Empfehlung der ultramontanen Blätter und jesuitische Ueberwachung des Zeitungswesens.)

81. Sind verderbliche Bücher, Flugschriften, Bilder ꝛc. verbreitet worden? welche? und von wem?
82. Bestehen in der Gemeinde Zusammenkünfte oder Vereine, die in religiöser Hinsicht nachtheilig einwirken?
83. Fanden im verflossenen Jahre in der Pfarrei größere Verbrechen statt?
84. Gibt es in der Pfarrei liederliche Dirnen? öffentliche Häuser? (Wollen etwa die frommen Herren auf ihren Reisen, ohne lange nachfragen zu müssen, in solchen einkehren?)
85. Wieviele Wirthshäuser sind in der Pfarrei?
86. Hat sich in dem kirchlichen und sittlichen Zustande der Pfarrei eine Veränderung bemerkbar gemacht und welche?
87. Welches sind die herrschenden Fehler in derselben?

5. Schule.*)

88. Wieviel öffentliche Schulen sind a) im Pfarrorte? b) in den Filialen?
89. Sind dies Konfessions- oder Kommunalschulen?
90. Wie stark ist die Zahl der Kinder in jeder Schule nach dem Geschlecht und nach Konfession?
91. Ist katholisches Schulvermögen vorhanden und welches? Von wem wird es verwaltet?
92. Wie heißen die Lehrer oder Lehrerinnen? Seit wann sind sie angestellt? definitiv oder provisorisch?
94. Was thuen die Lehrer für den Kirchengesang?
95. Entsprechen die Lehrer den Forderungen des Orgelspiels? Haben sie Gelegenheit, sich hierin fortzubilden?
96. Bekleiden die Lehrer den Kirchendienst, und wie erfüllen sie als Kirchendiener ihre Verpflichtungen?
97. Wie hoch ist ihr Einkommen und von woher beziehen sie dasselbe?
98. Fanden Klagen oder Untersuchungen gegen sie statt? welche? was war das Resultat? (Was geht das um Himmelswillen den Bischof an?)
99. Empfangen sie öfters im Jahre die hh. Sakramente? (!!!)
100. Welche Schulbücher sind eingeführt?
101. Wieviele Kinder erhalten durch Unterstützungen ihre Schulbedürfnisse?
102. Wie sind die Kinder befähiget a) im Katechismus? b) in der biblischen Geschichte?
103. Herrscht unter der Schuljugend religiöser Sinn und Frömmigkeit?
104. Besucht dieselbe den öffentlichen Gottesdienst verordnungsmäßig und unter Beaufsichtigung vom Lehrer?
105. Ist unter derselben Gehorsam, Ordnungsliebe, Wohlanständigkeit und kein roher Sinn oder keine besondere Unsittlichkeit herrschend?
106. Mußten im verwichenen Jahre Schulstrafen verhängt werden und warum?
107. Wie groß ist die Zahl der Schulversäumnisse a) mit Entschuldigung? b) ohne Entschuldigung? Wurden die Schulversäumnißlisten regelmäßig eingesendet?
108. Wie groß ist die Zahl der Religionsstunden a) des Lehrers? b) des Pfarrers oder Kaplans?
109. Welcher Abschnitt ist im laufenden Schuljahre aus dem Katechismus und der biblischen Geschichte durchgenommen worden?
110. Werden die Stunden regelmäßig gegeben?
111. Ist der Schulvorstand vollzählig? Wer sind die Mitglieder? Wieviele Schulvisitationen fanden statt durch den Schulvorstand? die Kreisschulkommission? den Dekan?
112. Sind auf den Filialen eigene Katecheten angestellt, und wie ist überhaupt für den Religionsunterricht der katholischen Kinder, welche evangelische oder Kommunalschulen besuchen, gesorgt?
113. Ist sonst etwas Bemerkenswerthes bezüglich der Schule geschehen?

---

*) Hiermit übt der Bischof faktisch die Oberaufsicht über die Schule aus.

114. Bestehen neben den Volksschulen noch Privat- und andere Lehranstalten, z. B. Handwerker- und Abendschulen?
115. Von wem werden sie geleitet?
116. Wieviele Schüler sind darin? Wieviele darunter katholisch? evangelisch? jüdisch?
117. Wie ist für den Religionsunterricht und Gottesdienst der katholischen Schüler gesorgt?

6. Aeußere Verwaltungssachen und einige andere Punkte.

118. Sind in das Verordnungsbuch alle Bischöflichen und Ordinariatsverfügungen eingetragen worden?
119. Sind alle gedruckten Bischöflichen und Ordinariatsverordnungen gesammelt?
120. Sind die übrigen Pfarrliteralien gehörig geordnet und aufbewahrt?
121. Wie oft war der Pfarrer von der Pfarrei über Nacht abwesend? mit oder ohne Dekanats- oder Bischöfl. Erlaubniß?
122. Wurden dem Kaplan alle Verordnungen mitgetheilt?
123. Wieviele katholische Mitglieder hat der Gemeinderath?
124. Wurde der Gottesdienst von den Orts-, Kirchen- und Schulvorständen fleißig besucht, und hielten sie ihre österliche Kommunion? (Was sagen dazu die Gemeinderathsmitglieder?)
125. Besteht für das Armenwesen eine besondere Einrichtung in der Gemeinde?
126. Bestehen Armenstiftungen?
127. Was wurde im letzten Jahre neu gestiftet?

7. Zeugnisse über das Verhalten der Kapläne.

Das von den Pfarrern den Kaplänen jährlich zu gebende Zeugniß hat, ohne eine Nummer zu übergehen, die nachfolgenden Fragen zu beantworten:
1. Ob der Kaplan sein Breviergebet gewissenhaft verrichte?
2. Ob er die Vorschriften über klerikale Kleidung befolge?
3. Wie er seine freie Zeit verwende?
4. Wie sein Benehmen gegen den Pfarrer gewesen?
5. Wie sein Benehmen gegen die Hausgenossen gewesen?
6. Ob er Besuche empfangen, die dem Pfarrer nicht passend geschienen?
7. Ob er ohne Vorwissen des Pfarrers ausgehe oder gegen seinen ausgesprochenen Willen Besuche mache?
8. Was der Pfarrer an diesen Besuchen auszusetzen finde?
9. Ob der Kaplan Wirthshäuser oder andere öffentliche Belustigungsorte besucht habe?
10. Ob er oft von Hause abwesend sei?
11. Wie oft er in diesem Jahre über Nacht abwesend gewesen? zu welchem Zwecke? mit oder ohne vorschriftsmäßige Erlaubniß?
12. Ob er die heil. Messe mit Würde und gewissenhafter Beobachtung der Rubriken lese?
13. Ob er die übrigen Funktionen mit Erbauung und nach Vorschrift verrichte?
14. Ob er regelmäßig die ihm übertragenen Predigten und Kirchenkatechesen gehalten?
15. Wie er sich dazu vorbereite? ob er sie schreibe?
16. Ob er eine Abänderung an der bestehenden Gottesdienstordnung vorgenommen und welche?
17. Ob er regelmäßig an den Sonn- und Festtagen und an deren Vorabenden zur Beicht gesessen?
18. Ob er die Kranken ordnungsmäßig besucht habe?
19. Ob er die Schulkatechesen vorschriftsmäßig gehalten? wie er sich darauf vorbereite?
20. Ob er sein Ordinationsbuch vorschriftsmäßig geführt?
21. Ob außerdem der Pfarrer noch etwas zu bemerken finde?

III.

Die incriminirten Aufsätze.

1. Der geistliche Oheim.

Der Krug geht so lang zum Brunnen, bis er zerbricht, sagt das alte Sprichwort, dessen stets gleichbleibende Geltung sich erst wieder in diesen Tagen in einer recht augenfälligen Weise bewahrheitet hat. Was in Hunderten von Tagesblättern schon tausendmal ahnungsweise ausgesprochen war, was die Volksvertretungen aussprachen, ist durch die neulich erschienenen „Acht Briefe aus den Papieren meines geistlichen Oheims" in einem konkreten Falle mit Klarheit und Bestimmtheit nachgewiesen, daß man nämlich zwischen der katholischen Kirche und einer klerikalen Partei in derselben unterscheiden muß, daß man ein guter Katholik sein und doch den zelotischen, ultramontanen Bestrebungen einzelner Bischöfe und Geistlichen, sammt ihrem jesuitischen Anhang mit aller Entschiedenheit entgegentreten kann. — Beim Durchlesen jener acht Briefe fragt man sich wiederholt in höchster Verwunderung: Ist denn das wirklich wahr? und fast will es scheinen, daß diese Broschüre nichts weiter, als eine neue Warburgiabe, d. h. eine Schrift sei, in der das darin enthaltene Wahre leider durch eine Unmasse von Uebertreibungen und Gehässigkeiten entstellt sei. Auch schien es gar nicht anders möglich, als daß von ultramontaner Seite sofort ein heilloses Geschrei erhoben, daß der Schutz der Polizei angerufen, und diese Broschüre mit Beschlag belegt werden müsse.

Allein der erste Brief erschien in der bald eingegangenen „Rheinischen Flora", und die folgenden erschienen in dem inzwischen gleichfalls eingegangenen „Mainzer Tagblatt". Man las sie und las sie wieder; man sprach davon auf den Kasino's, unterhielt sich darüber in allen Kreisen aber kein Gensdarme wollte mit dem unvermeidlich gehaltenen Konfiskationsbefehl erscheinen. Die Briefe erschienen endlich in einer Broschüre, und werden mit der größten Oeffentlichkeit verbreitet, aber noch immer scheint es, als krähe kein Hahn darnach. Und doch enthalten diese Briefe Dinge, über deren Bekanntwerden die Führer der Ultramontanen vor Scham vergehen müßten. Allein sie scheinen sich nicht zu schämen; dagegen scheint es ausgemacht zu sein, daß sie durch ihr jetzt schon seit Monaten fortgesetztes stockfischstummes Schweigen Alles und Jedes geradezu eingestehen. Für einen Journalisten besonders muß, nach allgemeinem Brauch und ächt deutscher Sitte, dieses Schweigen als ein Eingeständniß gelten. Das

„Mainzer Journal", für dessen „ritterlichen" Redakteur es schon längst Pflicht gewesen wäre, für die angegriffene Unschuld ritterlich einzustehen, möge es uns also nicht verübeln, daß wir jene Broschüre als eine der merkwürdigsten Erscheinungen unserer Zeit ansehen, und dieselbe einer offenen und ehrlichen Besprechung unterziehen.

Das Titelblatt sagt uns, daß jene Briefe nach authentischen Quellen bearbeitet seien, und wir setzen in diese Angabe nicht den mindesten Zweifel. Wir glauben fest und sicher, daß die diesen Briefen enthaltenen Aufzeichnungen aus der Feder eines katholischen Geistlichen geflossen sind, gleichviel ob derselbe noch am Leben ist, oder ob er bereits nach seinem Glauben im bessern Jenseits den Frieden gefunden hat, der ihm hier auf Erden durch ein klerikales Polterregiment vorenthalten wurde. Denn wer wäre sonst im Stande gewesen, die geistlichen Verhältnisse die seither äußerlich in einem ganz anderen Lichte erschienen, so tief eingehend zu beleuchten, und einzelne Vorgänge, die gewöhnlich nicht über die Schwelle des Pfarrhauses bringen, sondern tiefes Geheimniß der Geistlichen bleiben, so lebendig, so frisch, so originell, und, wie uns von verschiedener, tiefeingeweihter Seite mitgetheilt wird, so wahr und richtig zu beschreiben, wenn es nicht ein Geistlicher selbst gewesen wäre? Auch merkt man beim Lesen jener Briefe an der durchweg melancholischen Schreibweise jenes „geistlichen Oheims" alsbald, was aus geistlicher Feder geflossen, und was etwa durch den Herausgeber derselben zugesetzt oder ausgearbeitet wurde*).

Aus jenen Briefen geht nun hervor, daß dieser geistliche Oheim**) ein älterer Herr ist oder war, der dereinst mit Begeisterung in den geistlichen Stand trat. Er hat unter mehreren Bischöfen ruhig und zufrieden gewirkt, aber schließlich unter dem Krummstab des Herrn v. Ketteler so bittere Erfahrungen***) gemacht, daß ihm der geistliche Stand ganz und gar verleidet ist. Er hat in seinem geistlichen Stande sich kein Vermögen erworben, um sich, wie andere Pfarrer, des klerikalen Polter-Regiments müde, in's Privatleben zurückziehen zu können, und weiß in seiner großen Unzufriedenheit, in seiner gerechten Indignation über das seiner Ueberzeugung nach rechtlose, geistliche Regiment sich nicht anders zu helfen, als daß er seine Zuflucht zur Tinte und Feder nimmt, seine herben Erfahrungen niederschreibt, um, wenn möglich, durch die Wucht der öffentlichen Meinung Abhilfe zu schaffen. Wirklich leuchtet uns klar ein, daß nur durch eine rückhaltlose Aufklärung der öffentlichen Meinung bessere Zustände in der katholischen Kirchen-Verwaltung herbeigeführt werden kön-

---

*) Eine feine Ironie, welche sagen will, daß nichts durch den Herausgeber zugesetzt worden.
**) Ich schrieb belletristisch, indem ich mich in die Lage eines älteren geistlichen Herrn dachte.
***) Enthält keine Unrichtigkeit. Ich dachte an mehrere verstorbene Pfarrer, z. B. an den von Heldenbergen und Ober-Mörlen, die mir das oft genug sagten; ich dachte an meine eigenen Erfahrungen.

nen, und daß es nur dadurch möglich ist, die Bischöfe zu veranlassen, auf dem von ihnen eigenmächtig verlassenen Wege des kirchlichen Rechtes und Gebrauches und damit des öffentlichen Friedens, wieder zurückzukehren. So viel über die Person des geistlichen Oheims.

2. Jesuitismus und Katholizismus.

"Mein seliger Oheim ein Freigeist? Ein liberaler Charakter?" fragt der Briefschreiber im ersten Briefe, und auf diese Andeutung hin lasen wir die folgenden mit einer gewissen ängstlichen Besorgniß*) Denn wenn diese Aufzeichnungen wirklich etwas „Liberales" nach dem verwirrten Begriffe der ultramontanen Partei enthielten, wenn jener Geistliche wirklich ein Freigeist nach dem Vorbilde der englischen und französischen Philosophen des vorigen Jahrhunderts wäre, oder wenn er gar irgend eine „ketzerische" Gesinnung verriethe, dann hätten die Ultramontanen mit ihm leichtes Spiel. Sie würden ihn einfach über Bord werfen mit den Worten: der Verfasser jener Broschüre ist ein abgestandener, seinem Glauben und seiner Kirche untreu gewordener Priester, und es ist ganz natürlich, daß er eine solche Sprache führt. Aber auch diese Genugthuung sollte diesmal der bekannten Jesuitenpartei nicht werden; diese Freude wollte ihnen der „geistliche Oheim" nicht anthun; um so freudiger athmeten wir auf, als nach Durchlesung der ganzen Broschüre wir uns überzeugt hatten, daß jener Geistliche ein ganz und gar glaubenstreuer und gut kirchlich gesinnter Mann sein müsse.

Vergeblich würde man nämlich in jenen Briefen irgend welche Verhöhnung der katholischen Kirche und ihres Kultus suchen. Kein kirchliches Institut, nicht einmal der Jesuitenorden, keine kirchliche Ceremonie, keine katholischen Sitten und Gewohnheiten sind darin angegriffen. Weder gegen Papstthum, noch gegen Episkopat, Ohrenbeichte, Ablaß, Heiligenverehrung, Messen u. s. w. wird darin losgezogen. Und doch soll der „geistliche Oheim" ein „liberaler Charakter," ja sogar „Freigeist" sein. Erschrecken wir nicht! Der ganze Liberalismus jenes Geistlichen und seine „freigeistige" Gesinnung besteht, zum Schrecken der Jesuiten und ihrer Helfershelfer nur darin, daß er nicht in jesuitisch-ultramontanem Fanatismus dahin gekommen ist, die Unfehlbarkeit seiner Kirche mit der Fehlbarkeit seiner bischöflichen Behörde zu verwechseln. Namentlich gelten ihm die Aussprüche der ultramontanen Blätter keineswegs für Aussprüche einer Kirchenversammlung. Und welcher vernünftige Mensch möchte hierin einen gefährlichen Liberalismus, oder überhaupt eine gefährliche Gesinnung erkennen?

Der „geistliche Oheim" also unterscheidet; und in dieser Unterscheidung ist er zur klaren Einsicht gekommen, daß in Wirklichkeit ein himmelweiter Unterschied bestehe zwischen der katholischen Kirche und dem

---

*) Ich dachte mich hier in die Lage eines liberalen Katholiken.

Jesuitismus, und daß gar Vieles, wofür die Jesuiten und ihre fanatischen Anhänger kämpfen, mit der katholischen Kirche und Religion keine andere Gemeinschaft hat, als höchstens den äußeren Anschein im Auge der Uneingeweihten. Die sämmtlichen acht Briefe liefern dafür den unwiderleglichsten Beweis.

Mit einer den Laien befremdeten schwunghaften Begeisterung wird die katholische Kirche von dem geistlichen Oheim als ein überaus **liberales** Institut geschildert. Wahrhaft wohlthuend muß es für den Katholiken sein, namentlich für einen durch das herrschende Jesuitenthum seiner Kirche entfremdeten, zu seinem Staunen zu vernehmen, daß seine Kirche nicht jenes jesuitische Zerrbild sei, auch nicht jene jesuitische Zwangsanstalt, vor der er zurückbeben müßte, daß sie vielmehr ihrem ganzen Wesen nach den geraden Gegensatz davon bilde. Aber mit um so größerer Indignation sieht sie, wie der finstere Geist des Jesuitismus gegen den liberalen Geist des reinen Katholicismus kämpft, und wie der Letztere von dem Ersteren zeitweise geknechtet und geknebelt wird.

Wenn der Jesuitismus in einer Diöcese zur Herrschaft gelangt ist, so macht er seinen Einfluß zuerst auf den Klerus geltend. Ist die Geistlichkeit gebunden, dann geht es konsequenter Weise weiter, nach und nach jede freie Aeußerung des Geistes auch bei Andern zu binden und zu unterdrücken. Betrachten wir deßhalb die Lage des katholischen Klerus, wie sie in jener Broschüre geschildert ist.

Nach dem kirchlichen Recht darf ein Bischof keineswegs mit seinem Klerus nach Willkür schalten und walten. Der Geistliche verspricht zwar, worauf die Jesuiten ewig pochen, seinem Bischofe bei der Priesterweihe **Ehrfurcht** und **Gehorsam**; allein die Kirche versteht darunter den „**kanonischen**" Gehorsam, d. h. einen Gehorsam, den ein Bischof nach den Satzungen des katholischen Kirchenrechts von seinen Untergebenen in Anspruch zu nehmen berechtigt ist. Wenn ferner die Kirche dem Geistlichen befiehlt, seinem Bischof feierlich „**Ehrfurcht**" zu versprechen, so setzt sie unbedingt voraus, daß der Bischof selbst seine Ehrfurcht vor der **Kirche**, und zwar vor allem **dadurch** beweise, daß er sich nicht über deren Anordnungen und Bestimmungen hinwegsetze. Einem Geistlichen aber unter **allen** Umständen zuzumuthen, daß er seines Bischofs Befehlen selbst dann ehrfurchtsvoll gehorche, wenn derselbe dem Willen der Kirche zuwiderhandelt, wäre eine unerträgliche Tirannei.

Nun aber ist es gerade die Absicht des Jesuitismus, die Geistlichen als die Führer des Volkes dahin zu bringen, daß sie ihrem Bischof, der seinerseits vom Jesuitismus umstrickt ist, blindlings ergeben sind. Alles, was er befiehlt, sollen sie als von der Kirche befohlen, ansehen; alle seine Anordnungen sollen sie ehrfurchtsvoll hinnehmen, selbst wenn dieselben gradezu dem kirchlichen Rechte, und damit der Kirche selbst, ins Angesicht schlagen. Der Geistliche soll nicht anders wissen und glauben, als daß sein Bischof identisch ist mit seiner Kirche. Ist der Klerus dazu gebracht, dann ist der Jesuitismus Meister, dem kaum noch eine andere Gewalt gewachsen ist.

Um nun dies zu erreichen, werden nach der Schilderung des „geistlichen Oheims" die jungen Geistlichen im bischöflichen Seminare zu einem unbedingten, widerspruchslosen Gehorsam und zu einer unbedingten Verehrung gegen ihren Bischof erzogen. Vier Jahre lang werden sie beobachtet und geprüft, ob sie zu diesem Gehorsam fähig sind. Die glänzendsten andern Eigenschaften würden den Mangel dieses absoluten Gehorsams nicht ersetzen. Ein Geistlicher, der auf sein eigenes Urtheil nicht verzichten wollte, wäre für den Jesuitismus ein absolutes Hinderniß. Darum werden den jungen Leuten vom kirchlichen Gehorsam solche Begriffe beigebracht, welche dieselben vollständig fanatisiren müssen. Ein Seminarist erschrickt bei dem bloßen Gedanken an eine entfernte Möglichkeit, jemals dem Bischof nicht gehorchen zu wollen. So haben wir derartige junge Leute kennen gelernt, welche davon vollständig überzeugt waren, daß es keine größere und frechere Sünde geben könne, als dem Bischof zu widersprechen. Die Kirche selbst will zwar nichts von einem derartigen unbedingten Gehorsam der Weltgeistlichen wissen; sie unterscheidet vielmehr genau zwischen dem Gehorsam der Welt- und der Klostergeistlichen. Den Klosterbewohnern hat sie unbedingten Gehorsam gegen die geistlichen Vorgesetzten vorgeschrieben, den Weltgeistlichen aber nur den „kanonischen" Gehorsam, d. h. den Gehorsam innerhalb der Schranken, welche das kirchliche Recht selbst gezogen hat. Nicht also die katholische Kirche, sondern der Jesuitismus in derselben, bringt auf unbedingten Gehorsam gegen einen Bischof.

Der Jesuitismus ist seiner Natur nach ein herrschsüchtiges, eigenmächtiges Wesen. Andern Leuten den Rechtsboden unter den Füßen hinwegzuwinden, und als unumschränkt freier Herr die Untergebenen nach Willkür zu gängeln ist das entscheidende Merkmal des Jesuitismus. Seinen höchsten Lohn findet er in der süßen Geisteswollust, welche aus dem stolzen Bewußtsein der Gewalt und Macht über Andere hervorblüht. Die Broschüre liefert dafür hinlänglich schlagende Beweise. Die Schilderung des Abbrobanden- und Konkursexamens muß man in jener Broschüre lesen. Dann wird man begreifen, wie der „geistliche Oheim" in bitterster Ironie aussprechen konnte, daß der Klerus gedemüthigt, ihm mit Gewalt Devotion vor dem Jesuitenthum eingebläut werden soll.

Noch merkwürdiger sind die Enthüllungen über die Verleihungen der kirchlichen Aemter. Der Staat hat hier dem Bischof großmüthig freie Hand gelassen, auf daß dieser nach den Bestimmungen des katholischen Kirchenrechts die Verleihung der Aemter vornehme. Aber wer hätte es geglaubt, daß ein Bischof, sobald er freie Hand hierin hatte, statt nach den Bestimmungen des kirchlichen Rechtes einfach und demüthig zu verfahren, ein neues Verfahren, welches den Satzungen der katholischen Kirche geradezu widerspricht, ausfindig machen und einbürgern würde?

Hier müssen wir etwas näher auf die Darlegungen jener Broschüre eingehen. Der Jesuitismus hat nämlich ein neues, eigenthümliches geistliches Dienstverhältniß geschaffen, nämlich das sog. **Pfarrverwalterthum**. Früher war und nach katholischem Kirchenrecht ist das nur ein vorübergehender Ausnahmszustand; jetzt aber weiß man kaum noch anders, als daß jede vakante geistliche Stelle erst lang verwaltet werden muß, bevor sie wieder definitiv besetzt wird. Das „Pfarrverwalterthum," wovon die katholische Kirche nichts wissen will, paßt aber ganz ausgezeichnet in das jesuitische System. Denn als Pfarrverwalter ist der betreffende Geistliche rechtlos*). Er muß stets bereit sein, heute da- und morgen dorthin sich zu begeben, oder gar wieder sich zum Kaplan machen zu lassen. Trotz seiner geringen Einkünfte muthet man dem Pfarrverwalter zu, sich einen eigenen Hausstand zu gründen, wobei er sich gewöhnlich, wie das auch in der Laienwelt hinlänglich bekannt ist, tief in Schulden steckt. In fortwährender peinlicher Ungewißheit muß der Pfarrverwalter viele Jahre lang ausharren; und wie gehorsam und devot muß er sich nothgedrungen zeigen, damit seine Vorgesetzten einigermaßen gnädig mit ihm umgehen, und er endlich einmal von seines Bischofs Gnaden eine Pfarrstelle erhalte?

Aber auch als Pfarrer ist er noch nicht in den Hafen der Ruhe eingegangen. Der Jesuitismus hat in seiner Schlauheit ein Mittel erfunden, auch die Pfarrer fortwährend zu gängeln. Gegen alles Recht, gegen die ganz unzweideutig klaren Bestimmungen der katholischen Kirche werden die geistlichen Stellen nur auf Widerruf verliehen. Braucht man jetzt nach der Ursache zu fragen, warum die angeblichen Pfarrer im Dom und zu St. Ignaz sich öffentlich hinstellen und gegen die „Schandblätter" losdonnern? Wenn diese Herren so treu ergeben gegen die katholische Kirche wären, wie sie die hiesigen Katholiken weiß machen wollen, dann müßten sie ihrem Bischof erklären: „Für unsere Kirche sind wir bereit, Gut und Blut zu opfern, nicht aber für den Jesuitismus, der uns gegen die Gesetze unserer Kirche rechtlos machen und gängeln will!" Ein denkender Katholik muß sich ja mit Mißtrauen von seinem Seelsorger abwenden; er kann in ihm nicht mehr den nach dem Geist der Kirche angestellten „Pfarrer", sondern nur noch ein unselbstständiges Werkzeug in der Hand eines jesuitischen Kirchenregims erblicken. Treffend drückt sich die Broschüre hierüber also aus:

„Die Kirche ist blos der Deckmantel, den der Bischof dem Staat und seinen Untergebenen gegenüber um die Schultern wirft, oder womit ein herrschsüchtiges, jesuitisches Häuflein ihn umkleidet, um das eigene unrechtmäßige Verfahren zu verhüllen. Die Untergebenen nehmen dann nicht mehr Recht und Gesetz von der Kirche, sondern nur von dem Bischof; sie müssen dessen devote Diener sein, sonst werden sie in Zucht genommen, oder pensionirt, oder es wird ihnen der Aufenthalt im Seminar angewiesen! lautet ja doch gegen alle kirchlichen Bestimmungen ihr Dekret: Bis auf Widerruf."

Hier also haben wir einen ganz klaren Beweis für den Unterschied zwischen katholischem Kirchenregiment und zwischen Jesuitismus. Derselbe Jesuitismus, der dem Staat und seinen Untergebenen gegenüber, ja sogar in öffentlichen Schriften der ganzen civilisirten Welt gegen-

---

*) Auch in den Pfarrverwaltersdekreten kommt der Ausdruck vor: Tibi injungimus venerationem et observantiam, d. h. „Wir jochen dir Ehrfurcht und Gehorsam auf."

über, die Sprache der gewissenhaftesten Treue und Anhänglichkeit an die kirchlichen Institutionen führt, scheut sich nicht, gerade den Fundamentalbestimmungen des katholischen Kirchenrechts, sobald es seinem angenommenen rechtlosen Systeme im Wege steht, förmlich in's Angesicht zu schlagen. Derselbe Jesuitismus erlaubt sich, eine Mainzer Pfarrkirche geradezu den leibhaftigen Jesuiten zu überliefern, dadurch den Unfrieden in der Stadt und dem Klerus zu säen und eine Pfarrgemeinde den größten Gefahren in der Seelsorge auszusetzen. Und ganz derselbe Jesuitismus stellt sich hin und wagt es, eine Zeitschrift, welche auf diese unkirchlichen, die katholische Religion verhöhnenden Zustände aufmerksam macht, als ein niederträchtigstes Schandblatt zu bezeichnen. Wie nothwendig ist es also gerade, und welche heilige Pflicht für die Presse, sich nicht durch die Wuthausbrüche einer Jesuitenpartei, weil man ihren Jesuitismus bloßstellt, in die Enge treiben zu lassen, sondern mit Muth und Entschiedenheit ihm die falsche Larve vom Angesicht zu reißen. Dem Jesuitismus hat seine Stunde geschlagen; Niemand, der auch nur einigermaßen denken kann, wird fürder die katholische Kirche mit jenem geistesknechtenden System verwechseln. Und wenn es Noth thut, wird die katholische Bevölkerung es auch äußerlich zeigen, daß sie, treu ergeben der Religion, um so entschiedener von dem hochmüthigen Jesuitismus, der sich mit der katholischen Kirche verwechselt, nichts wissen will. Denn ein Paar Piusbrüder bilden doch lange noch nicht die katholische Bürgerschaft.

3. Christenthum und Pharisäismus.

Der herrschtige, stolze Jesuitismus, der sich so gerne mit der katholischen Kirche verwechseln möchte, der in seiner Anmaßung nur sich selbst kennt, den aber die Kirche nicht anders als ihren Zuchtmeister kennt, hat also, wie die „Acht Briefe" klar und bestimmt nachweisen bei uns seinen Sitz aufgeschlagen. Von seinem auf dem von ihm niedergetretenen Recht der Kirche erbauten Throne herab, beherrscht er alle kirchlichen Verhältnisse. Die Kirche selbst liegt geknebelt als Schemel unter seinen Füßen und wie er Jedem einen Fußtritt gibt, der sich vor ihm nicht bucken will, so maltraitirt er auch die katholische Kirche, wie und so oft sie ihm hinderlich in den Weg tritt.

Der Geist der Kirche ruft mit dem Evangelium: Die Könige der Völker wollen herrschen, und die Gewaltigen lassen sich „gnädige Herren" nennen. Aber so soll es unter euch nicht sein; sondern wer unter euch einen höheren Rang hat, betrage sich, als sei er der Geringste; und wer der Höchste ist, betrage sich wie ein Diener." Luc. 22, 25—16. Ebenso sagt Jesus bei Math. 20, 25: „Ihr wisset, daß die Fürsten über Andere herrschen, und daß die Großen über

Andere Gewalt ausüben; **unter euch aber soll es nicht so sein!**" Der Jesuitismus aber fährt, wie weiland Dr. Martin Luther sich ausdrückte, dem Evangelium über die Schnauz, und bläut mit Gewalt dem Klerus Respekt vor seinem Regimente ein*)

Der Geist der Kirche klagt, daß der Jesuitismus die geistlichen Stellen nicht nach kirchlichem Recht besetze, sondern, unbekümmert um Kirchenrecht und Kirchenversammlung von Trient, die Geistlichkeit in ganz unkirchlicher Weise in launenhafter Abhängigkeit halte. Der Jesuitismus aber fährt dem Konzil über die Schnauz. „Was braucht er sich auch" sagt der geistliche Oheim in unvergleichlich bitterer Ironie, „Rathschläge von dem Kirchenrath in Trient geben zu lassen; hat er ja doch einen weitaus vortrefflicheren und viel unmittelbarer, von dem hl. Geist erleuchteten Jesuitenrath." Dieser Jesuitenrath hält es nun einmal für besser, in der kirchlichen Verwaltung Willkür, statt des Kirchenrechts herrschen zu lassen, und darum gibt er dem katholischen Kirchenrecht einen Tritt. Es wundert uns fast, daß er die Sammlungen des kirchlichen Rechts nicht schon längst als „ketzerische Bücher" hat verbrennen, oder wenigstens als überflüssig gewordene Schriften an den Meistbietenden hat versteigern lassen. **Die Jesuiten zu St. Christoph, die sich gegen den Wortlaut des katholischen Kirchenrechts ruhig in dieser Pfarrkirche einnisten, hätten schon als „arme Leute" gewiß gar wenig darauf angeboten.** Aber das Kirchenrecht läßt sich doch nicht so mir nichts, dir nichts, treten. Es erhebt vielmehr, wie jedes getretene Recht, seine Stimme und schreit zum Himmel in einer so furcht- und schreckenerregenden Weise, daß schließlich die hochmüthigen Fußtrittaustheiler vor Verwirrung den Reißaus ergreifen möchten.

Der Geist der Kirche klagt über die Fesseln, womit die Jesuiten die Kirche binden, weit mehr, als über die Fesseln, die der Staat derselben anlegt. O, wenn das Fremdlinge an mir gethan hätten, sagt irgendwo die Schrift, gerne hätte ich es ertragen; aber wie soll ich es ertragen von dir, mein Sohn! Die Kirche kämpft für die Freiheit des Klerus, weil nur ein freier, unabhängig dastehender Klerus mit Erfolg an dem großen Werk der Versöhnung der Menschheit mit der Gottheit arbeiten kann, und du drückst ihn schrecklich in den Staub!

Wenn das katholische Volk, wenn die Regierung den nackten Jesuitismus, d. h. jenes selbstsüchtige System von Angesicht zu Angesicht schauten, so würden sie sich mit Furcht und Entsetzen hinwegwenden. Aber darum umhüllt sich der Jesuitismus mit dem Gewand der Unschuld und Tugend; und jemehr ihm diese innerlich abgehen, um so mehr und um so augenfälliger trägt er dieselben äußerlich zur Schau. Die Herrschsucht, sein

---

*) Die Androhung der Suspension gegen mich, als ich nur den Gedanken aussprach, daß ich gegen das Verfahren des bischöflichen Ordinariats den Rechtsweg betreten wollte, sind, abgesehen von Anderm, hinlängliche Beweise für diese Behauptung. Man denke auch an das bekretmäßige Tibi injugimus: Wir jochen Dir auf.

Grundelement, umhüllt er äußerlich mit dem trügerischen Mantel der Treue und der Anhänglichkeit an die katholische Kirche. Den Stolz, von dem er aufgebläht ist, verbirgt er unter der Larve des Eifers für die Ehre Gottes, die schreiendste Anmaßung in der Kirche verdeckt er mit der Maske der „apostolischen Kraft" und all sein Unrecht sammt und sonders mit den Kirchhofsblumen, welche die Broschüre „Frömmelei" und „Anbächtelei" nennt.

Wenn der Jesuitismus die Geistlichen zwingt, in dem Talare*) herumzulaufen, während doch die Kirche von einem solchen Gebote nichts weiß, so mögen zwar Einige darin ein Heldenthum des neuen Kirchenregims erblicken, wir aber erkennen darin gleichfalls nur ein Pharisäerthum. Denn die Schrift sagt von den Pharisäern: **sie lieben, in langen Gewändern herumzugehen.** Eben so wenig wie der Habit den Ordensmann ausmacht, macht der Talar den Geistlichen.

Wenn der Jesuitismus „Piusvereine" gründet, „Piusvereine" organisirt, gegen Andersdenkende **tobt und wüthet,** wenn er in der ultramontanen Presse mit **Kosakendespotismus** jede andere Meinung**) niederknuten will, so mag das zwar einem bornirten Menschen als Kirchlichkeit, als religiöse Entschiedenheit erscheinen, uns aber kommt es nur als Pharisäismus vor. In der Schrift steht: **Mein Reich ist nicht von dieser Welt,** und ein Menschkind kann selig werden, selbst wenn es **nichts** von der Politik der Ultramontanen wissen und **sich nicht** in Parteiwirren einlassen will.

Wenn wir sehen, daß bei uns das Bruderschafts- urd Ablaß wesen schreckenerregend zunimmt***), daß am Portiunkulatag der Mann des Hauses vor lauter Kirchenlaufen seiner Frau um die Mittagszeit nichts zu essen antrifft; wie die alten süßlichen Anbächtelcien wieder mit Vorliebe aus ihrer Vergessenheit hervorgezogen werden, so sieht das wohl äußerlich vielleicht als Pflege der katholischen Frömmigkeit aus; aber es charakterisirt sich dieses ganze Streben, Angesichts der Thatsache, daß man mit viel wichtigeren Bestimmnngen der Kirche nach Laune und Willkür umspringt, eben als Pharisäismus. Auch von den gottvergessenen Pharisäern sagt die Schrift: **„Ihr verblendeten Führer, die ihr die Mücken seid und die Kameele schluckt!"** Matth. 23, 24, und **„sie stehen an den Straßenecken, auf daß sie von den Leuten gesehen werden."** Matth. 5, 6.

---

*) Das Tragen des Talars geht, wie ich unter meinen frühern Kollegen erfahren habe, hauptsächlich von solchen Geistlichen aus, die von Natur ein lächerliches Gangwerk haben, also mit dem Talare ihre krummen Beine u. s. w. verhängen, so daß der innerste Grund davon vielfach nicht „Frömmigkeit" sondern Hochmuth ist.

**) „Mit thörichten Streitfragen, Zänkereien und Streitigkeiten befasse dich nicht; denn sie sind unnütz und nichtig." Titus 3, 9.

***) Selbst das Concilium von Trient hat in seiner 25. Sitzung (Decretum de Jndulgentiis) ausgesprochen, daß in Ertheilung der Ablässe ein vernünftiges Maß eingehalten werde: Ju bis tamen concedendis moderationem .... adhiberi cupit, ne nimia facilitate Ecclesiastica disciplina enervetur. Allein trotz dieses Aus-

Ja, daß sie von den Leuten gesehen werden! Daß die Christenheit über die vermeintlich große Frömmigkeit des Jesuitismus dessen Schlauheit, dessen Rechtsverachtung nicht erblicken soll! Daß das Volk, wenn es dann und wann etwas vernimmt, was ihm nicht zusagt, meint, es müsse so geschehen, das verlange ja die Gewissenhaftigkeit! So verstopft der Jesuitismus den „Frommen" den Mund gleichsam mit Rosenkranzkörnern*), den Andern aber will er denselben mit dem Donnerwort „Kirchenfreiheit" verstopfen, worunter er aber nichts als das eigene, willkürliche Schalten und Walten versteht. Pharisäismus geht also mit dem Jesuitismus immer Hand in Hand und ist dessen unzertrennlicher Gefährte. Wie aber der Jesuitismus der gerade Gegensatz zur katholischen Kirche ist, so ist der Pharisäismus der gerade Gegensatz von der katholischen Frömmigkeit und von jedem Christenthum!

---

spruches des Konzils hat das Ablaßwesen wiederum so sehr überhand genommen, daß sogar die „frömmsten" Seelen gar nicht mehr wissen, wo sie mit dem Gewinnen der Ablässe anfangen und aufhören sollen. Alle möglichen religiösen Vereine und Bruderschaften (z. B. auch Bonifaztus-' Pius- und Gesellenvereine), zahllose Gebete und äußere Uebungen sind reichlich mit Ablässen versehen worden. Am Portiunculafest erlangt man einen vollkommenen Ablaß so oftmals, als man an diesem Tage eine Kirche des Kapuziner- oder Franziskanerordens besucht, weßhalb die Betschwestern an diesem Tage enblos aus einer Kirche in die andere laufen.

*) Von den Pharisäern sagt Jesus: „Sie machen ihre Denkzettel oder Gebetszettel breit," Matth. 23, 5. und bei Matth. 6, 7. heißt es: „Wenn ihr betet, so machet nicht viel Geschwätz, wie die Heiden, die sich einbilden, daß sie um so eher erhört werden, je mehr Worte sie machen." Wenn man in den katholischen Kirchen beim Rosenkranz ein und dasselbe beten hört, und dabei Dinge vernimmt, die auszusprechen man sich in anständigen Gesellschaften schämen würde, wie z. B. „Jesus, den du, o Jungfrau (in der Schwangerschaft) zu Elisabeth getragen hast," fällt einem dabei nicht die Erzählung der hl. Schrift ein, wie die Heidenpriester zu Elias Zeiten vom Morgen bis zum Abend ausriefen: Baal, Baal, erhöre uns! 1. Könige 18, 26.

IV.

Meine Vertheidigungsrede vor dem Obergericht.

Meine Herren!

Bevor ich zu meiner eigentlichen Vertheibigung übergehe, erlaube ich mir, Sie auf einige Punkte aufmerksam zu machen, welche nur unter dem allergrößten Unrecht bei der Beurtheilung des gegebenen Falles außer Acht gelassen werden könnten. Ein großes Unrecht würde mir nämlich widerfahren, wenn man mich in diesem Prozesse anders beurtheilen wollte, als Sie mich beurtheilt haben würden, wenn ich noch heute in derselben Lage vor Ihnen stände, in der ich mich befand, als ich die incrimirten Artikel schrieb. Nicht von meinem gegenwärtigen Standpunkt aus habe ich damals geschrieben, vielmehr schrieb ich, als ein seiner Kirche treu ergebener Priester; und zwar genau in derselben Zeit, in der ich, wie durch die Zeugenaussage und durch die Vorlegung der betreffenden Aktenstücke erwiesen ist, in andern gut katholischen, sogar mit bischöflicher Approbation versehenen Schriften *) in der entschiedensten Weise für die katholische Kirche und für ihre sämmtlichen Institutionen in die Schranken getreten bin. Da nun auch der geistliche Herr Professor Dr. Haffner auf seinen Eid erklärt hat, daß er mich früher stets als einen eifrigen und der Kirche treu ergebenen Priester kennen gelernt habe, so müssen Sie daraus erkennen, daß ich erstens genaue Kenntniß der von mir besprochenen Verhältnisse, und zweitens den besten Willen besaß, durch Schilderung derselben keineswegs die Kirche oder ihre Einrichtungen als solche angreifen zu wollen. Hätte das Bezirksgericht das im Auge behalten, so hätte mir nicht die Behandlung widerfahren können, die mir vor seinen Schranken widerfahren ist. Ueberhaupt kann ich es nur beklagen, daß mir in der ersten Instanz meine Vertheidigung unmöglich gemacht und ich ohne eine vorausgegangene Vertheidigung als Verläumder der kirchlichen Behörde verurtheilt wurde. **)

Ich gehe nun zu meiner Vertheidigung im Einzelnen über.

Es wird mir vor allem als ein Verbrechen angerechnet, daß ich behauptet habe, man könne zwischen der katholischen Kirche und einer klerikalen Partei

---

*) Mainzer Hauskalender für das Schaltjahr 1864 bei J. P. Haas. Auriamma's Tag Mariä, oder immerwährendes Andenken an die allerseligste Jungfrau in den täglichen Handlungen. Mainz 1863 bei J. P. Haas.
**) Vgl. Prozeß Biron, verhandelt am 26. Februar 1864 vor dem Mainzer Bezirksgericht nach stenographischen Aufzeichnungen. Frankfurt am Main bei Reinhold Baist.

unterscheiben; man könne ein guter Katholik sein und doch den ultramontanen Bestrebungen einzelner Bischöfe und Geistlichen entgegentreten. Ich weiß kaum, was ich gebildeten Männern gegenüber zu diesem Anklagepunkte sagen soll; denn es hieße der Weltgeschichte ins Angesicht schlagen, wenn man diese Wahrheit auch nur einen Augenblick bezweifeln wollte. Lesen wir nicht, daß der Apostel Paulus im Korintherbrief sich bitter darüber beklagt, daß schon damals in der Christenheit Parteiungen vorhanden waren? „Es ist mir kund geworden, schreibt er, daß Meinungsverschiedenheit unter euch sei; daß ihr sprechet zu einander: Ich bin des Paulus — Ich des Apollo — Ich des Petrus — Ich Christi!" 1. Kor. 1, 11. Und sah es im papistischen Mittelalter anders als in der apostolischen Zeit aus? Ich will nur erinnern an die klerikalen Parteikämpfe, die in Deutschland zur Zeit Ludwigs von Bayern geschlagen wurden. Die Päpste in Avignon hatten unser Vaterland in Interdikt gethan, und während ein Theil des Klerus die päpstlichen Bannflüche respektirt wissen wollte, erklärte der andere Theil, darunter die geistlichen Churfürsten, Bischöfe und Prälaten, zu Frankfurt und zu Rhense (1388) diejenigen Geistlichen als öffentliche Ruhestörer, welche des Papstes Bullen Achtung verschaffen wollten. Das erzählt sogar der gutkatholische Kirchengeschichtsschreiber Alzog, und ich lege Ihnen hiermit sein im Seminar eingeführtes Lehrbuch vor, wo Sie es S. 611 schwarz auf weiß lesen können. Daß in Frankreich der ultramontanen Partei schon seit Jahrhunderten die s. g. gallikanische mit spezifisch französisch nationaler Ausprägung entgegensteht, ist eine weltkundige Thatsache; und ebenso bekannt ist, daß dieselbe freisinnige Richtung in Deutschland sammt Oesterreich unter dem Namen Josephinismus so lange über die ultramontane Partei geherrscht hat, bis erst in Folge der neuesten Konkordate der Ultramontanismus zur Herrschaft gelangte, ohne die freisinnigen Parteien verdrängen zu können. Einen Beweis davon liefern die neuesten Streitigkeiten zwischen den größten Theologen der katholischen Kirche Deutschlands (ich erinnere an Professor Döllinger), deren Schauplatz das südliche Deutschland, namentlich München ist. Sie werden mir vielleicht einwenden, revolutionäre Elemente innerhalb der katholischen Kirche könnten dem Ultramontanismus gegenüber nicht als Beweis aufgeführt werden. Da müßte ich Ihnen aber entgegnen, daß es Zeiten gab und gibt, in denen die höchsten kirchlichen Gewalten über den Ultramontanismus den Stab brechen. Waren es vielleicht nicht die Erzbischöfe von Mainz, Köln, Trier und Salzburg, welche in den s. g. Emser Punktationen (1786) den Ultramontanismus auf den Leib rückten? Ich lege Ihnen hiermit diese Emser Punktationen nebst dem Begleitungsschreiben des Bischofs von Speyer vor,*) woraus Sie ersehen werden, wie die deutschen Bischöfe, die zu gleicher Zeit auch Fürsten waren, alles Dasjenige, ja sogar noch vielmehr am Ultramontanismus tadelten, als was ich jemals an demselben getadelt

---

*) „Antwortschreiben Seiner Hochfürstlichen Gnaden zu Speier an Seine Churfürstlichen Gnaden in Mainz, in Betreff der Emser Punkten." 1788.

habe. So lesen Sie z. B. darin S. 84, daß jene Dispensen, welche auswärtig, d. h. in Rom, erlangt werden, kraftlos seien, und daß die römischen Bullen, Breven oder sonstige päpstliche Verfügungen in Deutschland nicht verbinden sollen. Als aber in Folge der französischen Occupation die Bischofsstühle in Deutschland umgestoßen waren, trat der edle, von den Ultramontanen bis zu seinem Tode verfolgte Wessenberg auf, und Sie wissen, daß nach seinem Namen sich eine große Partei des katholischen Klerus benennt. Soll ich noch an die vom Papst verfluchten Hermesianer, Syntherianer u. s. w. erinnern, die, wie allbekannt, unter dem Klerus noch ihre Anhänger haben?

Aber solche geschichtliche Umschweife waren für Sie, meine Herren, eigentlich ganz unnöthig, da sie ja nur zu gut wissen, welche Parteiungen innerhalb des katholischen Klerus der Mainzer Diözese bis zur Stunde selbst bestehen. Oder ist es vielleicht vergessen, daß ein Theil dieses Klerus Ketteleraner und ein anderer Theil Schmidianer sind? Ist es vergessen, daß Professor Lutterbeck zu Gießen vor gar noch nicht langer Zeit in einer Broschüre den Unterschied zwischen Ultramontanismus und katholischer Kirche bezeugte? und daß darüber die ultramontanen Blätter Wochen lang sich rasend geberdeten? Ich erinnere Sie weiter an einen Vorfall, der es Ihnen bis zur größten Evidenz klar machen muß, daß mir Unrecht geschieht, wenn ich wegen dieser meiner Behauptung verurtheilt werden sollte. Als unsere Kammern das bekannte Kirchengesetz berathen hatten, versammelte sich ein Theil des Mainzer Klerus zu Gaualgesheim, um gegen die Beschlüsse der zweiten Kammer zu protestiren. Bei dieser Gelegenheit trat ein jüngerer Geistlicher, damals einer meiner Freunde, Pfarrer Sulzbach zu Offenbach auf, um dem Redacteur des ultramontanen Mainzer Journals eine Ovation zu bereiten, indem er einen Toast auf ihn ausbringen wollte. Allein kaum hatte er die Worte „Mainzer Journal" ausgesprochen, als unter den versammelten Geistlichen, die durchaus nicht die Sache der katholischen Kirche mit der Sache des Organs der ultramontanen Partei verwechselt wissen wollten, ein solches Toben und Tosen ausbrach, daß Freund Sulzbach sich unverrichteter Sache niedersetzen mußte. Konsequenter Weise müßten Sie also auch alle jene Geistlichen mit Prozessen verfolgen, welche zu Gaualgesheim so auffallend über den Ultramontanismus den Stab brachen. Ich glaube Ihnen aber hiermit den vollständigsten Beweis geliefert zu haben, daß es innerhalb der katholischen Kirche Parteien gibt, die man angreifen darf, ohne irgendwie damit die Kirche als solche anzugreifen.

Angreifen „darf"? Nein, ich gehe noch weiter, indem ich behaupte, daß es auch Parteien gibt, die anzugreifen sogar die heiligste Pflicht Desjenigen ist, der als Eingeweihter die Verhältnisse kennen gelernt hat. Eine solche Partei ist aber die Jesuitenpartei oder der Jesuitismus, den allein ich als katholischer Priester angegriffen habe, den ein jeder Katholik um so entschiedener angreifen muß, je treuer er seiner Kirche ergeben ist. Den Beweis dieser Behauptung werde ich Ihnen wahrlich nicht schuldig bleiben!

Der Jesuitismus ist nämlich ein System, welches mit der katholischen

Kirche keine andere Gemeinschaft hat als den äußern Schein in den Augen der Uneingeweihten. Die katholische Kirche hat ihre Glaubens= und ihre Sittenlehre. Der Jesuitismus hat auch seine eigene, von der Kirche abweichende, Glaubens= und Sittenlehre. Glauben Sie aber ja nicht, daß ich Ihnen da Mährchen aus alter Zeit vortrage; ich werde ihnen vielmehr jede meiner Behauptungen mit den authentischsten Urkunden aus den Schriften der anerkannt kirchlichsten Schriftstellern ganz unzweifelhaft klar beweisen.

Die katholische Dogmatik lehrt, wie Sie in jedem Katechismus lesen können, daß nur die katholische Kirche als solche „unfehlbar" sei. Allgemeine Kirchenversammlungen haben, auf daß kein Zweifel hinsichtlich dieser Lehre entstehen solle, wiederholt erklärt, daß ein allgemeines Koncil über dem Papst stehe. Die Katholiken Frankreichs, dieses größten katholischen Reiches, halten diesen Satz sogar mit der nur zu bekannten „gallikanischen Anmaßung" aufrecht. Allein die Jesuiten lehren, abweichend von der katholischen Dogmatik, daß der Papst als solcher schon **unfehlbar** sei. Die neueste Zeit hat in dieser Beziehung einen eklatanten Fall aufzuweisen. Früher wurden neue Glaubenssätze nur von allgemeinen Synoden aufgestellt, trotzdem, daß dem Zusammenkommen der einzelnen Bischöfe, in Ermangelung unserer heutigen Kommunikationsmittel, die allergrößten Schwierigkeiten im Wege standen. Vor wenigen Jahren aber hat der Papst aus eigener Autorität es als einen Glaubenssatz ausgesprochen, daß Maria, die Mutter Jesu, unbefleckt empfangen, und daß Jeder von der katholischen Kirche ausgeschlossen sei, der nicht an diese „unbefleckte" Empfängniß glaube. Die Bischöfe, welche in großer Masse nach Rom geeilt waren, hofften vergeblich, zu einer Synode vereinigt zu werden: sie hatten dafür die „Ehre", als päpstliche Trabanten die „Unfehlbarkeit des Papstes" zu verherrlichen und dafür zu päpstlichen Hausprälaten und Thronassistenten ernannt zu werden.

Die katholische Kirche hat auf dem letzten allgemeinen Konzil von Trient erklärt, daß ein Katholik die „Heiligen" weder zu verehren, noch anzurufen brauche; wenn er nicht gegen die Heiligenverehrung spricht, so begnügt sich schon damit die Kirche. Die Jesuiten lehren, daß die Verehrung der Mutter Jesu ein Merkmal der Auserwählung sei, wie ich Ihnen aus tausend Schriften der Jesuiten vorlesen kann. Die Kirche lehrt, daß die Heiligen für uns **bitten**, die Jesuiten lehren, daß sie uns **helfen** können, und daß wir sie geradezu um ihre Hilfe anrufen sollen. Sie feiern z. B. ein Fest Maria-Hilf, wovon nichts im katholischen Kirchenkalender steht. Sie feiern die Feste der Heiligen weitaus großartiger, als die alten Feste der Kirche. Weder Weihnachten, noch Ostern noch Pfingsten wird, wie Sie es aus Ihrer eigenen Anschauung wissen, und wogegen ich als katholischer Priester hundertmal geeifert habe, so großartig und so festlich begangen, als z. B. das Fest der „Unbefleckten Empfängniß," „Mariä Himmelfahrt," des heil. Joseph, des heil. Ignaz von Lojola, des Stifters des Jesuiten=Ordens, u. s. w. Wie großartig das Bonifaciusfest vor wenigen Jahren zum Erstenmal in Mainz acht

Tage lang begangen wurde, ist Ihnen noch Allen erinnerlich. Einige Tage vor demselben wurde ich als Seminarist zum „Regens" gerufen, der mir den Auftrag gab, ein Lied zu Ehren des heil. Bonifacius zu dichten. Ich lege das betreffende Büchelchen Ihnen hiermit vor. Daraus sehen Sie, daß als Refrain dieses Liedes folgende Strophe dasteht: „Gutes hast du uns gethan! Bonifacius, hör' uns an! Bitt' für uns! Steh' uns bei! Trost und Hilfe uns verleih'!" Alsbald erhoben sich Stimmen gegen dieses von mir verfaßte Lied, und zwar von gut gläubiger Seite. Allein trotzdem wurde es in Mainz durch alle Straßen und durch die ganze Diöcese gesungen. Vergeblich werden Sie nach einer bischöflichen Approbation dieses Büchelchens schauen; ein Bischof konnte etwas Derartiges nicht approbiren, weil es gegen das katholische Dogma ging. Gibt es also nicht einen unberufenen Jesuitismus in der katholischen Kirche?

Aehnlich ist es mit den kirchlichen Bestimmungen bei Eingehung einer Ehe. Die Kirche weiß nichts von einem Beichtzwang, der den Brautleuten vor der Trauung angethan werden soll. Ich lese Ihnen die betreffende Stelle aus dem Konzil von Trient vor*). Hiernach steht es den Brautleuten frei, erst lange Zeit nach der Einsegnung der Ehe zu beichten, wenn sie es überhaupt thun wollen. So wurde es, wie Sie nur zu gut wissen, auch früher gehalten, und Tausende wurden getraut, ohne vorher gebeichtet zu haben. Der Jesuitismus aber stellt die absurde, unkatholische Lehre auf, daß, weil die Ehe ein Sakrament der Lebendigen sei, man vor der Einsegnung derselben beichten müsse; und zu welchen sklandalösen Auftritten es in neuester Zeit beßhalb gekommen ist, ist eine gleichfalls allgemein bekannte Thatsache.

Die katholische Kirche lehrt, daß nur derjenige zu beichten brauche, der im Stande der Todsünde sich befinde, was dem Gewissen des Einzelnen überlassen bleiben muß. Der Jesuitismus aber lehrt, daß man vor dem Empfang der Kommunion, also besonders zur Osternzeit, beichten müsse, und greift also in die Entscheidungen des „unfehlbaren" katholischen Lehramtes ein. Wir sehen also, um mich kurz zu fassen, eine von der katholischen Kirchenlehre verschiedene Jesuitenlehre innerhalb der katholischen Kirche.

Allein noch weit auffallender tritt das bei der Vergleichung der katholischen und jesuitischen **Moral** hervor. Ich lege Ihnen hiermit das Lehrbuch der Moral von dem Jesuiten Gury vor, wornach im bischöflichen Seminar den jungen Geistlichen die Moral docirt wird.**) Sie werden daraus erkennen, daß es keine Lügen sind, was die Gegner der Jesuiten von der bodenlosen Schlechtigkeit der jesuitischen Moral behaupten. Der

---

*) Postremo S. Synodus conjuges hortatur, ut antequam contrahant, vel saltem triduo ante matrim. consumationem sua peccata diligenter confiteantur. Sess. 24. C. 1. de Ref.

**) Compendium Theologiae moralis autore Gury S. J. Regensburg bei Manz 1853.

Jesuitismus erlaubt nämlich nach einem s. g. „probabelen" Gewissen zu handeln; d. h. der Mensch dürfe die sichere, die wahrscheinlichste und wahrscheinlichere Meinung unberücksichtigt lassen, und etwas für erlaubt halten, wenn auch nur ein einziger Autor die betreffende Handlung für erlaubt erkärt, selbst wenn dessen Ansicht gegen die allgemeine Lehre der Moralisten verstößt. Das steht ausdrücklich S. 15, woselbst noch näher dargelegt wird, daß ein ungebildeter Mensch auf die Aussagen eines Mannes hin, den er für gelehrt und rechtschaffen hält, die betreffende Handlung vornehmen dürfe. Wer aber wird von gewöhnlichen Gläubigen für gelehrter und rechtschaffener gehalten, als der Pfarrer, Kaplan und besonders der „fromme" Jesuite im Beichtstuhl? Was soll man zu einer solchen Moral sagen, die der katholischen Moral geradezu in's Angesicht schlägt? Seite 22 dieses Lehrbuches fragt derselbe Jesuite, ob es erlaubt sei, diesen s. g. Probabilismus nicht blos, wenn es sich um positives, sondern auch, wenn es sich um göttliches und natürliches Recht handle, gelten zu lassen, und er beantwortete diese Frage mit „Ja!" Unmittelbar darauf geht er noch weiter, indem er sagt, ein Beichtvater müsse sogar nach der probablen Meinung desjenigen handeln, der ihm beichtet, selbst wenn er eine ganz andere Ansicht über die betreffende Angelegenheit habe. Was sagen Sie zu einer solchen Moral? Können da nicht im Namen der Moral alle Schändlichkeiten begangen und noch obendrein sanktionirt werden? Seite 125 desselben Lehrbuches wird unter der s. g. restrictio mentalis die Lüge erlaubt, und S. 126 gelehrt, daß alle öffentlichen Personen sich dieser Lüge bedienen dürfen, z. B. Aerzte, Chirurgen, Ammen u. s. w. Als Grund gibt der Jesuite an, daß, wenn die solchen Personen anvertrauten Geheimnisse bekannt würden, daraus die schwersten Nachtheile erwachsen könnten. Wenn aber eine solche Jesuitenmoral zur Geltung kommen soll, können dann nicht geheime Morde, Abtreibung der Leibesfrucht u. s. w. trotz der größten Wachsamkeit der öffentlichen Behörden, mit ewigem Schleier verhüllt bleiben? Seite 169 erlaubt der Jesuite, gegen alle positiven und göttlichen Gesetze den Diebstahl. Was sagen dazu unsere besitzenden Klassen? Oder warum verurtheilt man die Diebe, von denen die meisten nur in der äußersten Noth zum Diebstahl ihre Zuflucht nehmen? Auf derselben Seite wird die „geheime Schadloshaltung," also der Diebstahl unter gewissen Umständen einem Jeden erlaubt. So darf ein Bediensteter seine Herrschaft bestehlen, etwa wenn die Herrschaft den ausbedungenen oder versprochenen Lohn nicht gewährt? Nein! wenn eine „stillschweigende" Uebereinkunft bezüglich eines gerechten Lohnes stattgehabt habe. Ist da nicht jeder Schlechtigkeit Thür und Thor geöffnet? Denn kann nicht jeder Bedienstete denken, daß, wenn auch ausdrücklich keinerlei Uebereinkunft wegen Lohnerhöhung stattgehabt, man „stillschweigend" daran gedacht habe? Darf man es deßhalb einem Menschen verübeln, wenn er Angesichts solcher Moralsätze, nicht mehr an die Ehrlichkeit der Krankenwärterinnen großer Anstalten glaubt, zumal der Nonnen, deren Beichtväter „Jesuiten" sind? Was sagen Sie dazu, wenn Sie lesen, daß der Jesuite noch weiter geht, und S. 170 auf die Frage, ob und wie sich Jemand versündige, der sich diesen geheimen Diebstahl erlaube, bevor er, um zu seinem vermeintlichen Eigenthum zu gelangen, den Rechtsweg betreten habe, die unsittliche Entscheidung ertheilte, daß er sich keineswegs, oder wenigstens nicht schwer versündige, selbst wenn er ohne große Mühe eine gerichtliche Entscheidung erlangen könnte, weil eine derartige geheime Schabloshaltung in sich gerecht sei. Damit man aber nicht über die praktische Anwendung dieser unsittlichen Grundsätze im Zweifel sein solle, beschreibt der Jesuite S. 183 beispielsweise einige Ereignisse, um zu zeigen, wie man in vorkommenden Fällen zu entscheiden habe. Ein Dieb, sagt er, bricht Nachts in seines Nachbars Magazin ein, um Tuch zu stehlen, steckt aber dabei zufällig das Haus an; von diesem Dieb, sagt der Jesuit, daß er zu nichts, d. h. zu keinerlei Schadenersatz, verpflichtet sei, weil er den Schaden nicht vorausgesehen habe. Ein Mensch, der im Gefühl der Rache seines Nachbars Ziege erschießen will, dabei aber eines Andern Kuh tödtet, ist, wie der Jesuit lehrt, gleichfalls zu keinem Schadenersatz verpflichtet. Einen Erbschleicher, der einem im Todeskampf Liegenden, der sein Testament bereits gemacht, durch fortgesetzte Bitten und Schmeicheleien so lange zusetzt, bis er sein Testament zu des Erbschleichers Gunsten oder zu eines Dritten, z. B. der Kirche Gunsten verändert, spricht der Jesuite von jeder Versündigung gegen die Gerechtigkeit frei.

Ist das die katholische Moral, oder ist es nicht die Jesuiten=Moral, welche auf Leben und Tod anzugreifen, die Pflicht eines jeden redlichen Mannes ist? Seite 259 lehrt der Jesuit, daß ein Richter, der von den Parteien Geschenke annehme, zwar „unerlaubt" handle, aber nicht gegen die Gerechtigkeit sich versündige. Müßte Angesichts solcher Grundsätze nicht alle Gerechtigkeit zu Grab getragen werden? Seite 246 lehrt der Jesuite, daß ein Schrift= und Urkundenfälscher „keineswegs" gegen die Gerechtigkeit sündige. Auf derselben Seite lehrt er, daß ein „Zeuge" im vorkommenden Falle ein Zeugniß nicht abzulegen brauche, wenn er z. B. wisse, daß der Angeschuldigte, etwa aus Unwissenheit, nicht schwer gesündigt habe, oder wenn er voraussähe, daß durch seine Zeugenaussage für ihn oder für die Seinigen ein schwerer Nachtheil erwachsen würde. Ja, der Jesuite erlaubt in demselben Absatz die aller Gerechtigkeit in's Angesicht schlagende Niederträchtigkeit, daß ein beeideter Zeuge, selbst wenn er vom Priester gefragt wird, die Wahrheit verhehlen dürfe, wenn er nur mit dem, was er sagt, nichts Falsches sage; indem er damit „blos" gegen die „gesetzliche" Gerechtigkeit sich versündige. Meine Herren! unter den von mir geladenen Zeugen erschien ein katholischer Priester, der Kaplan Kron, und leugnete auf wiederholte und detailirte Fragen Dinge, die er Angesichts des ihm vorgelegten eigenhändig von ihm geschriebenen Briefes nicht anders, als unter einem Meineid, leugnen konnte. Was sagen Sie dazu, wenn ich Ihnen mittheile, daß ebenderselbe Kaplan nach den Grundsätzen des Ihnen vorgelegten Buches im Mainzer Seminar erzogen wurde und dann noch längere Zeit bei den Jesuiten in Westphalen im Noviziate verlebte? *)

Ich könnte noch fortfahren, eine lange Reihe von Schlechtigkeiten des aus Deutschland gesetzlich verbannten Jesuitismus aufzuzählen, wenn es die Zeit mir erlauben würde. Allein ich glaube, daß dasjenige, was ich Ihnen darüber mitgetheilt habe, vollauf hinreichen wird, Ihnen klar zu machen, daß der Jesuitismus etwas ganz anderes, als die katholische Kirche ist. Dieser Jesuitismus ist weder von mir zuerst bekämpft worden, noch wird derselbe durch eine etwaige Verurtheilung meiner Person sich einen Siegeskranz erwerben. Auch wird eine derartige Verurtheilung mich nicht im Mindesten behindern, ihn als ein die Menschheit schändendes System mit

---

*) Dieser Brief des Kaplans Kron, worin er über den Jesuitismus den Stab bricht, lautet also:

Sr. Hochwürden Herrn Pfarrer Biron,
in Bechtheim bei Osthofen.

Lieber Michael! Ich kann es nicht unterlassen, Dir hiermit meinen innigsten Dank auszusprechen, daß Du so gütig warst, mir die verlangten Briefschaften meines sel. Vaters zu übersenden. Der Besitz derselben war für mich von hohem Werthe. — Jedoch ist das nicht der einzige Zweck meines Briefes. Zuerst eine Entschuldigung. Ich wollte am verflossenen Montag mit Dir reden, konnte aber, wie ich geschrieben, nicht um 2 Uhr Dich aufsuchen, da ein unerwarteter Besuch mich aufhielt, und ich schnell nach Hause mußte; entschuldige also die Nichthaltung meines Versprechens. Heute erhielt ich ein Exemplar Deiner Predigt, und halte es für überflüssig, Dir einen eigentlichen Trostbrief zu schreiben, da ich bemerke zu meiner Freude, daß Du Deinen Trost nicht in violettem Dunst, sondern an der wahren Quelle suchst. Zu Deiner Freude werde ich Dir gestehen müssen, daß trotz aller schiefen Beurtheilung Deiner Handlungen, Niemand, den ich gesprochen, Dir seine Achtung versagt. Und selbst bei allen Anfeindungen habe ich gehört, hat selbst Herr Moufang Respect vor Dir, und kann nur von Deinen Eigenschaften Gutes sagen. Am besten ist's mir, ich kümmere mich um Niemanden der Matadoren, und lebe und bewege mich unter treuen Seelen, ohne mich um latrantes zu kümmern. Hoffentlich wirst Du bei aller Aermlichkeit Deiner Stellung und trotz alles Hohnes Deiner Gegner auch in Deinem jetzigen Wirkungskreis Vergnügen finden; noch mehr, Du wirst wenigstens aus jenem Babylon der Schlechtgesinnten und s. g. Spekulationsgutgesinnten, deren spekulative Richtung sich in Cumulatio beneficiorum äußert entlassen, wo Dir trotz all Deines redlichen Strebens nur Dornen geblüht haben. Glaube ja, die meisten Geistlichen haben mit Dir ein reges Mitgefühl und selbst das Sträuben Deines Nachfolgers, das nur zu gut bekannt ist, ist eine Rechtfertigung Deiner Entschiedenheit, womit Du nach beiden extremen Seiten hin das Recht vertreten hast. — Du wirst es gewiß nicht übel aufnehmen, wenn ich mir einmal einen Tag auswähle, um Dich noch einmal im Spätherbst eigens zu besuchen, einzig aus der Ursache, um einmal mit Dir über Alles zu reden, was ich Dir gegenüber auf dem Herzen habe. Es freut mich ungemein, daß Dein College . . . . insbesondere stets sehr warm für Dich gesprochen hat, und wünsche nur, daß in unserer Mitte sich ein Geist rege machen möge, der allen Willkürlichkeiten und Maßregeleien eine vernünftige Schranke setzen kann. Mein Entschluß steht fest. Ich habe schon Jahre lang daran gearbeitet, nach Amerika zu gelangen, und hoffe, daß mein Bemühen bald mit Erfolg begleitet sei. Hast Du bald Zeit, so wünsche ich ein Schreiben von Dir zu erhalten, und bitte Dich um Dein frommes Gebet. Dein aufrichtiger Freund Herrmann Kron.

allen mir innewohnenden Kräften bis zum letzten Athemzuge meines Lebens zu bekämpfen. Damit thue ich aber nur dasselbe, was noch vor wenigen Jahren der Bischof von Mainz und das Mainzer bischöfliche Ordinariat selbst gethan hat. Zum Beweise dessen lege ich Ihnen ein merkwürdiges Schriftchen vor, welches den Titel führt: „Beleg zu dem Verfahren der jüngern jesuitisch-katholischen Priester gegen ihre geistlichen Vorgesetzten." Daraus werden Sie sehen, mit welcher Entschiedenheit der selige Bischof Kaiser gegen die jesuitische oder ultramontane Partei innerhalb des Klerus aufgetreten ist. Bischof Kaiser schreibt unter Anderm an den jungen Pfarrvikar Holzenthal (S. 7): „Warum wollen Sie an (ultramontan) journalistischen Elaborationen die Zeit vergeuden, und Andern durch Zusicherung Ihrer Beihilfe für Aufnahme in Zeitblätter und Schutz durch Verweise von **Rom** gegen die Gegner, zum Journalistendienste anfeuern? Wollen Sie wirklich Zwietracht stiften? Wollen Sie ver ächt licher Parteigänger — werden und werben? — Kehren Sie von diesem, in's Verderben führenden Abweg zurück!" Bischof Kaiser also nennt diese jesuitischen Elemente innerhalb des Klerus „verächtliche Parteigänger;" ich frage Sie, m. H., habe ich in den inkriminirten Artikeln auch nur einen einzigen so verächtlichen Ausdruck von dem Jesuitismus gebraucht? Oder wäre es gerecht, mich wegen meiner Angriffe auf den Jesuitismus zu verurtheilen, der nicht mehr, wie noch vor wenigen Jahren gegen die bischöfliche Behörde revolutionirt, sondern der jetzt so sehr die Ueberhand gewonnen hat, daß gegenwärtig die Jesuitenmoral in dem bischöflichen Seminar docirt wird?

Wenn man aber vielleicht glaubt, daß ich in meinen Behauptungen über die Art und Weise der Besetzung der vakanten geistlichen Aemter auch nur einen Deut von Unwahrheit vorgebracht habe, so werde ich den schärfsten Beweis der vollkommensten Wahrheit meiner Darlegungen erbringen.

Wie sie wissen, haben unsere Landesfürsten, bis vor etwa zehn Jahren, sämmtliche Pfarrstellen besetzt. Als aber der Hr. v. Ketteler den bischöflichen Thron bestiegen hatte, begann bekanntlich in der oberrheinischen Kirchenprovinz der „Kirchenstreit". Die Bischöfe erklärten es für ein Unrecht, daß die Landesfürsten das Besetzungrecht der katholischen Beneficien ausübten, das, auf Grund des „hochheiligen" Konzils von Trient, ihnen, den Bischöfen allein zustehe. Sie wissen, daß die Bischöfe in ihrer Denkschrift v. 5. März 1853 an die resp. Regierungen, auf den Standpunkt des kanon. Rechts stehend, diese ihre Forderungen in der schärfsten Weise aussprachen. S. 19, §. 5. sagen sie mit dürren Worten:

„Die erste und hauptsächlichste Beschwerde der Bischöfe besteht darin, daß die Regierungen für sich das Recht in Anspruch nehmen, die katholischen Pfarrer anzustellen, alle Pfarreien und übrigen kirchlichen Beneficien zu besetzen, die Bischöfe nehmen dagegen für sich die freie Verleihung der geistlichen Aemter als ein unveräußerliches Recht in Anspruch".

Dieses kirchliche Recht wird nun in 24 Quartseiten begründet, und schließlich wird die von unserer Regierung damals gemachte Koncession, daß künftighin in den landesherrlichen Anstellungsdekreten des bischöfl. Vorschlags Erwähnung geschehen solle, (S. 42) mit Indignation zurückgewiesen.

Sie wissen ferner, wie der Bischof in seiner erneuten Eingabe an das Ministerium b. J. d. d. 16. Juli 1853, der Staatsregirung den Gehorsam aufkündigend, ohne Alles Weitere erklärte, daß er zur **Wahrung der Grundverfassung der Kirche, nach den unabänderlichen Gesetzen der katholischen Kirche, mit aller Entschiedenheit** für die Rechte derselben eintrete, welche die Bischöfe beansprucht hätten; daß er also namentlich unbekümmert um die Entscheidung (v. 1. März 1853) bei **Besetzung der kirchlichen Aemter ein den Kirchengesetzen entsprechendes Verfahren einhalten werde**. Und Sie wissen, daß die geistliche Behörde es auch gethan, d. h. daß sie der Staatsgewalt mit Erfolg getrotzt hat. Die Regierung gab dem Bischof nach, auf daß er dann in Gottes Namen nach den **unabänderlichen Kirchengesetzen** die geistlichen Beneficien vergebe.

Was bestimmen denn nun diese **unabänderlichen Kirchengesetze** über die Besetzung der kirchlichen Aemter?

Das gemeine Recht bringt mit der größten Entschiedenheit auf **baldige** Besetzung vakanter Stellen. Als äußersten Termin zur definitiven Besetzung bezeichnet das gemeine Recht den vollendeten sechsten Monat. Ich berufe mich dabei auf einen der bedeutendsten Kanonisten, dessen Angaben **deshalb** von der **allerhöchsten Wichtigkeit** sind, weil sein Lehrbuch des Kirchenrechts im bischöfl. Seminar eingeführt und dem gesammten Diözesanklerus als Lehrbuch des Kirchenrechts in die Hand gegeben ist. Zum Beweise dessen lege ich Ihnen ein Kirchendirektorium des Bischofs von Mainz vor, worin dies ausdrücklich bestätigt wird. Auch Dekan Schneider, den ich als Zeugen aufrief, hat dies bejaht. Diese also selbst von der geistlichen Behörde dem Klerus officiell in die Hand gegebene Autorität ist das Lehrbuch des Kirchenrechts von Walter. Er nennt (S. 422) diese 6 Monate die **gesetzliche Frist**, (S. 423) die **bestimmte Zeit**. Seite 425 sagt er: „Die gesetzliche Frist beträgt bei den gewöhnlichen Aemtern, die der Bischof verleiht, 6 Monate". Auf daß man aber nicht annehme, diese 6 Monate könnten durch allerlei Formalitäten (z. B. Ernennung, Ausfertigung, Herstellung des Dekrets, Kollation, Institution, Investitur oder Installation) noch weiter hinausgeschoben werden, sagt Walter S. 426: „Wo das volle Verleihungsrecht dem Bischof zusteht, wird das Amt durch eine einzige Handlung, durch die Zufertigung und Annahme der Kollation vollständig erworben." S. 430 sagt ferner Walter: „Die gewöhnliche Frist von 6 Monaten ist auch in den meisten **protestantischen** Kirchenordnungen beibehalten", was ein Beweis von der Wahrhaftigkeit und Tragweite dieser kirchenrechtlichen Bestimmung ist.

Die Bestimmungen des gemeinen kirchlichen Rechtes bestehen aber wie Sie wissen, zu Recht noch heute, wenn sie nicht, sei es durch staatliche Einrichtungen inhibirt oder durch das Konzil von Trient abrogirt worden sind.

Staatlich aber steht der vollen Geltung dieser kanonistischen Bestimmungen gar nichts im Wege: die Regierung hat ja vielmehr, auf das Drängen der katholischen Kirchenbehörden, ihr Haupt vor der „Unabänderlichkeit" des katholischen Kirchenrechts gebeugt; das Konzil von Trient aber, auf das sich die kirchliche Behörde beruft, hat diese Bestimmungen des gemeinen Rechts so wenig abrogirt, daß es umgekehrt, um jeder Willkühr ein Ziel zu setzen, dieselben noch restringirt hat.

Das bischöfliche Ordinariat beruft sich auf Conc. Trid. Sess. 24. Cap. 18 de Ref. Ich weiß aber kaum, mit welcher Stirne dies geschieht. Es kann blos geschehen entweder in absoluter Unkenntniß, oder in der Meinung, daß andere Leute absolut unwissend seien. An der genannten Stelle bestimmt nämlich das Tridentinum genau Folgendes:

Die hl. Synode befiehlt, daß, wenn in irgend einer Weise die Vakation einer Pfarrkirche eintrete, der Bischof sogleich einen Pfarrverwalter ernenne, der die Geschäfte jener Kirche besorge, bis ein Pfarrer eingetreten sei. Sofort soll der Bischof innerhalb 10 Tagen oder innerhalb einer andern vom Bischof zu bestimmenden Zeit Anstalten zur definitiven Niederlassung der Pfarrei treffen. Damit es aber keinen Aufenthalt durch das von der Kirche vorgeschriebene Examen gebe, sollen die Examinatoren alljährlich auf einer Diöcesansynode bestimmt und beeidigt werden, die dann sofort, b. h. sobald innerhalb dieses Jahres eine Vakation eintritt, das Examen vornehmen und dem Bischof den Würdigsten bezeichnen sollen, dem der Bischof die betreffende Stelle verleihen müsse."

Sie sehen also, daß das Tridentinum den Bischof nur mehr als die ausführende Behörde kennt, so zwar, daß das Pochen auf die „bischöfliche" Gewalt für sich keinen Grund im Konzil von Trient hat.

Aber, sagt man, das Konzil v. Trient gibt zu, daß diese Vorgänge nicht innerhalb der ersten 10 Tage zu geschehen brauchten, indem der Termin zur Wiederbesetzung ganz und gar dem Bischof anheimgestellt sei mit den klaren Worten: intra decem dies, vel intra aliud tempus ab Episcopo praescribendum. Daß diese andere Zeit aber denn doch keineswegs willkürlich nach des Bischofs Gutdünken ausgedehnt werden darf, darüber gibt uns die höchste kirchliche Autorität einen Aufschluß, dem gegenüber diese Behauptung wahrhaft lächerlich erscheint. Schlagen wir nämlich im Trid. ein Paar Seiten weiter, so finden wir in derselben Sitzung, zu demselben Kapitel de Ref. eine authentische Interpretation dieser Stelle, und zwar im Geiste der damaligen Reformbewegungen, welche die sechsmonatliche Frist des gemeinen Rechts als einen Mißbrauch beseitigt wissen wollten. Ausdrücklich lesen wir da: intra decem dies, quod etiam ultra alios decem dies poterit prorogari, sed non ultra. Das heißt: zu diesen 10 Tagen dürfen höchstens noch 10 andere Tage hinzukommen, über welche hinaus aber ein weiterer

Termin nicht mehr gestattet ist. 10 + 10 Tage also, sehen Sie, das sind die längern Zeiträume, von denen der Bischof spricht, daß die Kirche sie zur Pfarrverwaltung gestatte.

Das gemeine Recht gibt also einem Bischof höchstens 6 Monate, das Koncil von Trient höchstens 20 Tage Zeit, nach deren Ablauf die vakanten Beneficien definitiv wieder besetzt werden müssen. Daß aber der Bischof, der aus Eifer für die Unabänderlichkeit der Kirchengesetze sich gegen die Staatsgewalt erhob, sobald die Regierung ihm freie Hand ließ, die vakanten Stellen 4, 6, 8, 10 Jahre lang verwalten läßt, und bei einigen, z. B. St. Christoph in Mainz, eine so zu sagen ewige Pfarrverwaltung aufrecht erhalten will, weiß Jedermann. Beispielsweise gebe ich Ihnen nur an, daß die hiesige Dompfarrei vom 12. Januar 1855, wo der sel. Dompfarrer Nickel starb, bis zum 8. April 1859, wo Herr Thoms sein Dekret erhielt, also über 4 Jahre lang vakant stand. Das Beneficium in Seligenstadt steht seit dem 24. Juni 59, das von Bensheim seit dem 14. Oktober **53**, das von Dieburg gar seit den 40er Jahren (1845) vakant. Zum Beweise dessen lege ich Ihnen die officielle Diöcesanstatistik vor, aus deren Angaben Sie die volle Wahrheit meiner Darlegung noch weiterhin ersehen können. Uebrigens berufe ich mich auf das beßfallsige Zeugniß des Dekans Schneider, welcher die Wahrheit meiner Behauptungen mit seinem Eide bestätigte.

Nach diesen Darlegungen und Angesichts der Aussagen der verschiedenen geistlichen Herren, die ich Ihnen als Zeugen vorführte, und die, wie Sie sehen, wenn auch nur mit dem innersten Widerstreben, auf ihren Eid die Wahrheit sämmtlicher von mir in den incrimirten Aufsätzen angeführten Thatsachen bestätigen mußten, werden Sie gewiß die Ueberzeugung gewonnen haben, daß mir von Seiten des Bezirksgerichtes ein großes Unrecht widerfahren ist, da es mich der Verleumdung, Beleidigung und Verhöhnung der bischöflichen Behörde schuldig erkannte. Vielmehr habe ich dem klaren Wortlaute nach nur von dem „Jesuitismus" geredet, und ich habe Ihnen den vollständigsten Beweis geliefert, daß sowohl alle meine Behauptungen, die ich vom Jesuitismus ausgesprochen, vollauf wahr und richtig sind, als auch, daß ich von meinem damaligen Standpunkte aus, da ich noch mit Begeisterung der römischen Kirche ergeben war, nur bje unberufene Jesuitenwirthschaft angreifen wollte und wirklich angegriffen habe.

Was aber einzelne in den incriminirten Artikeln enthaltene Worte oder Satzwendungen betrifft, so stelle ich Ihnen, aus einem officiellen Hirtenbriefe, also aus einer unter der persönlichen Verantwortlichkeit des Herrn Bischofs erschienenen Druckschrift, eine Anzahl von Satzwendungen und Ausdrücken entgegen, in deren Vergleich die von mir gebrauchten Worte wahrlich wie Gebete klingen.

Seite 1 seines Hirtenbriefes vom 6. Jänner 1852 sagt er: „Ein Priester ist zum Mörder an den Seelen geworden, ein Wolf unter den Schafen."

Seite 3. „Ich habe die Erfahrung gemacht, daß die Priester als verdorbenes Salz weggeschüttet und von dem Volke mit den Füßen getreten zu werden verdienten."

Seite 6. „Daß einzelne Priester (1852) die Angelegenheiten ihrer Kirche **sofort in feindliche Blätter bringen**, oder zu Haushälterinnen und Weibergeklatsch benützen."

Seite 7. „Ein Priester, der nicht betet, ist gleich jenen mit Fluch beladenen Weibern, die..."

„Wenn Priester ihre Schnupftücher reiner halten, als die Altartücher." (Welche Blasphemie am kathol. Volk!)

Seite 12. „Die Priester sind so schmutzig."

Seite 14. „Sie haben kein Mitleid mit den eigenen Schafen, deren Seelen sie durch Aergernisse tödten, während man auf allen Gassen und in allen **Kneipen** von ihnen redet." Und: „Sprichwörtlich ist das Unwesen geworden, das von Priestern mit den s. g. „Nichten" getrieben wird."

Seite 15. „Die **affektirte**, natürliche Unschuld des Priesters ist gar zu sehr im Widerspruch mit aller Wahrheit."

Seite 16. „Eine Schmach, wenn Geistliche Christum den Lehrer der Armen und Hungernden, mit **feistem Wanst** verkündigen, ein Hohn, wenn **rothschwellende Pausbacken** das Fasten predigen," u. s. w.

Wenn aber ein Bischof, an den man, je höher er steht, um so höhere Ansprüche auf Bildung und Mäßigung macht, eine solche Sprache in einer officiellen Druckschrift führt, eine Sprache, die nach eines jeden honneten Mannes Ueberzeugung eine grave Beleidigung des niedern und des höhern Klerus in sich schließt; mit welcher Stirne will denn die bischöfliche Behörde wegen der von mir gebrauchten Ausdrücke (deren stärkste „Jesuitismus," „Ultramontanismus," „Geistesknechtschaft," „Heuchelei" lauten) gegen mich klagend auftreten? Ja, wenn ich zehnmal stärkere, und wirklich beleidigende Ausdrücke angewendet hätte, dann könnte ich die Schuld auf unsere Seminarbildung werfen und sagen: eine solche Sprache habe ich aus dem Munde meiner geistlichen Behörden gelernt, eine solche Sprache durfte ich auch früher gegen andere Staats-Angehörige, auch gegen die „hohe Bureaukratie," wie die ultramontane Presse sagt, unter dem Applaus meiner geistlichen Vorgesetzten führen.

Was die Intension betrifft, in der ich in der Presse auf die Verletzung des katholischen Kirchenrechtes aufmerksam machte, so that ich das nicht aus Skandalsucht, die mir ferne liegt, sondern aus gewissenhaftestem Ernste, in welchem ein, seiner Kirche treu ergebener katholischer Priester sich befinden muß. Ich liebe nicht den Skandal, das habe ich in meiner ersten Rede, in der ich zu Frankfurt im Reform-Verein auftrat, auch laut und feierlich ausgesprochen mit den Worten: „Ich that diesen Schritt nicht um Skandal zu machen; wer das bei mir sucht, der täuscht sich!" (Religiöse Reform Nr. 42.) Das habe ich auch seither treu gehalten. In Allem, was ich zu meiner nothgedrungenen Vertheidigung schrieb, wird man vergeblich nach Skandal suchen. Auch im Warburg'schen Prozesse bin ich als Zeuge mit einer so gewissenhaften Aengstlichkeit zu Werke gegangen, daß man, statt darin Skandalsucht zu widdern, an auswärtige Blätter geschrieben hat: „Biron habe bewiesen, daß er sich von so alter Anhänglichkeit an die Nonnen noch nicht emancipirt habe." Ich habe mich von keiner Partei in's Schlepptau nehmen lassen. Als ich unter den Nonnen wohnte, und bei meinen geistlichen Vorgesetzten angesehen und beliebt war, war ich doch keinen Augenblick deren sklavischer D i e n e r; und als ich bei Herrn Ronge wohnte und derselbe daran verzweifelte, daß ich mich zum Skandalmacher hergäbe, hat er mich schließlich als einen „verkappten Jesuiten" bezeichnet. Seit meinem Austritt aus der katholischen Kirche bis jetzt bin ich bei den verschiedenartigsten Gelegenheiten öffentlich aufgetreten, und wer kann sagen, daß ich jemals einen Skandal gemacht hätte? Denn daß mein Auftreten an und für sich den Ultramontanen skandalös erscheint, dafür kann ich nichts; das ist vielmehr ein Scandalum pharisaicum, welches zu berücksichtigen eines Mannes unwürdig ist. Ich hasse den Skandal, deßhalb wollte ich, so viel an mir lag, den ewigen ultramontanen Skandal unmöglich machen. Wie oft bin ich deßhalb persönlich, nicht h e i m l i ch, wie meine Gegner mir vorwerfen wollen, sondern am hellen Tage, im schwarzen Talare, auf der Redaktion der liberalen Blätter erschienen, um nach allen Seiten zu versöhnen und zu vermitteln. Aber die V e r m i t t l e r, es ist eine allbekannte Wahrheit, werden gekreuzigt. Ich hasse den Skandal; deßhalb, nicht weil ich mir einer Schuld bewußt wäre, that ich alles Mögliche, um die Niederschlagung dieses Prozesses zu erwirken. Während ich mich aber schließlich noch an den Landesfürsten mit der gleichen Bitte wandte, verlästerte mich die ultramontane Partei in einem Artikel, den ich hier zur Hand habe, als einen unzurechnungsfähigen Schwätzer, der mit aller Gewalt zum Märtyrer gestempelt sein wolle.

Warum aber habe ich in den jetzt inkriminirten Artikeln ein der katholischen Kirche und dem katholischen Kirchenrechte feindseliges Getriebe innerhalb derselben bekämpft?

Das that ich, weil ich m u ß t e, weil die Liebe zur Wahrheit mich dazu d r ä n g t e; weil ich sonst, trotz sehr glücklichen Verhältnissen (ich war ja den gleichalterigen Geistlichen unsers Bisthums weit vorgezogen) unglücklich gewesen und mir als ein Komödiant vorgekommen wäre, der äußerlich religiöse Verhältnisse mitmacht, von denen Herz, Verstand, Wissen und Bewußtsein sagten, daß sie der entschiedenste Widerspruch von dem sind, was wahrhaft „R e l i g i o n" ist. Diesen Widerspruch mußte ich mir erst lösen. Ich nahm die authentischsten kirchlichen Quellen zur Hand, um meine Zweifel zum Schweigen zu bringen, und siehe da! ich fand nur eine vollkommene Bestätigung derselben. Ich redete darüber mit vielen mir befreundeten und nahestehenden Geistlichen, und ich entdeckte bei A l l e n, die nicht blindlings auf das Wort der Jesuiten schwuren, dieselben Bedenklichkeiten, nur mit dem Unterschied, daß sie sagten: „Still, damit die Feinde unserer heil. Kirche es nicht merken!" Ich aber dachte: „Nein! offen heraus! Entweder sind meine Zweifel begründet, und dann mag die kirchliche Behörde, die ja doch nicht machen kann, was sie will, abhelfen, damit endlich einmal das ewige Geschimpfe in den Journalen aufhört, oder sie sind nicht begründet, dann bedarf es in einer so wichtigen Angelegenheit einer Aufklärung mit stärkeren Beweisen, als das bischöfliche Kreuz vor dem Namen „Wilhelm Emanuel!"

Ja, ich spreche es hier aus, und ich wollte, der katholische Klerus dieser Stadt, so wie ganz besonders das bischöfliche Ordinariat und der Bischof, die mich gewissenlos verfolgten und verfolgen, würden wortgetreu erfahren, was ich jetzt sage:

„Wenn noch jetzt mir der Beweis geliefert würde, daß ich mich unabsichtlich geirrt hätte (denn von einem absichtlichen Irrthum kann nimmermehr die Rede sein), ich noch heute feierlich widerrufen und freudig und gerne in die von mir, als jesuitisch und pharisäisch, verlassene Kirche zurücktreten würde."

Was nun schließlich die angebliche Beleidigung der Gerichte betrifft, so bin ich auch in dieser Beziehung vollkommen unschuldig. Denn an und für sich enthielt die incriminirte Stelle keine Beleidigung; es müßte erst aus den Umständen eine solche darin erkannt werden. Prüfen Sie aber nach dem Grundsatze: „Intentio judicat actum" die Umstände, unter denen ich die Broschüre schrieb, so werden Sie sehen, daß ich nicht im Entferntesten die Absicht haben konnte, die Gerichte beleidigen zu wollen; die Umstände, unter denen ich die incriminirte Stelle schrieb, waren aber, wie sie wissen, folgende:

Abgesehen von den so heftigen Angriffen der ultramontanen Blätter von der über mich mit großer Aeußerlichkeit verhängten Suspension und Excommunikation, wurde mir alsbald, noch ehe ich zu einem Verhör vorgeladen war, ein Heimathschein, der doch keineswegs eine Reiselegitimation ist, dessen ich aber zur Erwerbung meines Unterhaltes im Auslande bedurfte, vorenthalten. In Mainz drohte mir eine vielleicht langwierige Untersuchungshaft, der ich ausweichen wollte; im Auslande aber mußte man denken, daß der Vorenthaltung meines Heimathscheins grave Vergehen zu Grunde liegen müßten. Demzufolge beabsichtigte ich, mich nach beiden Seiten hin zu vertheidigen. Nach der einen Seite wollte ich in meiner Broschüre den Beweis liefern, daß ich nicht wegen irgend eines politischen oder sonstigen Vergehens, sondern einzig und allein wegen meiner Angriffe auf den Jesuitismus verfolgt werde. Ich mußte, daß man also urtheilte: Biron muß mehr auf sich haben, als er uns vorsagt; denn wegen eines gegen den Jesuitismus geschriebenen Aufsatzes wird man ihn nicht wie einen heimathlosen Vagabunden behandeln! Was sollte ich darauf antworten? Ich hätte aus innigster Ueberzeugung antworten können: Es verhält sich wahrhaft so! Ich werde nur wegen meines Aufsatzes, den ich als Hospitalpfarrer in Mainz gegen den Jesuitismus schrieb, verfolgt. Also, antwortete man mir darauf, sollte man glauben, daß die Gerichte Angriffe auf den Jesuitismus mit Angriffen auf die katholische Kirchenbehörde verwechseln? — Darauf konnte ich erwidern: Ja, es ist wirklich so! Weil ich aber nicht die Gerichte beleidigen, zu gleicher Zeit doch aber auch die Wahrheit sagen wollte, antwortete ich: Ich bin mir meiner vollständigsten Unschuld bewußt, aber allerdings scheint es, daß die Gerichte Angriffe auf den Jesuitismus mit Angriffen auf die Religion verwechseln. Nach der andern Seite aber wollte ich, den Behörden meiner Heimath gegenüber, mich verantworten, indem ich dachte, eine einfache Darlegung meiner Angelegenheit werde ihnen alsbald klar machen, daß ich allerdings nur den Jesuitismus bekämpft habe, und sie würden also urtheilen: „Biron hat es mit dem Jesuitismus zu thun, denn er rechtswidriges Auftreten innerhalb der katholischen Kirche zum gerechten Vorwurf machte. Da mag die geistliche Behörde einschreiten; wir aber wollen nicht auf uns den Schein laden, als hielten wir es nicht unter unserer Würde, uns vom Jesuitismus leiten zu lassen." Wenn ich aber mit meiner ganzen Broschüre keine andere Absicht hatte, als diese Meinung den Gerichten beizubringen, sie also zu meinen Gunsten stimmen zu wollen, wie konnte ich dann dieselben beleidigen wollen? Dazu kommen noch ernstere Gründe. Durchlesen Sie meine ganze über 80 klein gedruckte Seiten starke Broschüre von vorn bis hinten, ob Sie darin auch nur die geringste Andeutung finden, daß ich die Gerichte hätte beleidigen wollen. Nach allgemeinen moralischen Regeln muß man aber einen einzelnen Theil nach dem Ganzen beurtheilen. Ein einzelnes Glied einer Handlung, statt nach der Gesammthandlung, nach Patikularansichten beurtheilen zu wollen, wäre unmoralisch. Wenn es aber bei einer Beleidigung nach allgemeinen Rechtsgrundsätzen auf den animus injuriandi ankommt, so frage ich Sie, kann man aus allen äußern und innern Gründen einen solchen animus injuriandi annehmen?

Fassen wir aber die incriminirte Stelle näher ins Auge. Sie lautet: „Furchtbar ist es in die Hände eines Gerichts zu fallen, das es nicht unter seiner Würde zu halten scheint, Angriffe auf eine der katholischen Kirche feindselige Jesuitenpartei als Angriffe auf die katholische Kirche selbst darzustellen und zu verfolgen". Was soll denn an dieser Stelle, nachdem ich bewiesen, unter welchen Umständen und in welcher Intention ich sie schrieb, Beleidigendes sein? Wollen Sie etwa meine Furcht bestrafen, die ich vor der gerichtlichen Procedur hatte? Sie werden mir nicht zumuthen, auf die menschlichen Gefühle verzichten zu müssen. Wenn es für Jesus, für Paulus, für Luther furchtbar war, in die Hände der Gerichte zu fallen; wenn Christus aus dieser Furcht in blutigen Angstschweiß ausbrach, während die Apostel ihr Heil in der Flucht suchten, — sollte es da für mich weniger furchtbar sein? Und zudem ist die ganze Ausdrucksweise der hl. Schrift entnommen, und kam mir, einem Theologen, von selbst in die Feder. Nachdem Paulus im Hebräerbrief im 10. Kapitel 30. Vers, Gott als Richter dargestellt hatte, fährt er im 31. Vers also weiter: „Furchtbar ist es, in die Hände des lebendigen Gottes zu fallen". Wenn es aber für den höchsten Richter keine Beleidigung ist, daß von ihm gesagt wird, es sei furchtbar, in seine Hände zu fallen, wie sonderbar müßte es dann aussehen, wenn ein weltliches Gericht in demselben Ausdruck eine Beleidigung erkennen würde? Ich habe Ihnen bereits erwiesen, daß ich mit meiner Broschüre, nach ihrem Zusammenhang und in allen ihren einzelnen Theilen, den Gerichten den Beweis meiner Unschuld liefern wollte. Nunmehr frage ich Sie aber, wäre es nicht wahrhaft unmenschlich, wenn ein erzürnter Vater seinem Sohne, der, seiner Unschuld bewußt, sich gegen Verläumdungen und Hetzereien vertheidigt, sagen wollte: Deine Vertheidigung ist mir zwar lieb; allein indem Du sagst, ich schiene es nicht unter meiner Würde zu halten, Verläumdern und Hetzern mein Ohr zu öffnen, hast Du mich beleidigt, und ich werde demgemäß gegen dich verfahren! Die Anwendung hiervon überlasse ich Ihrer Weisheit!

Würde ich wegen dieses Sätzchens verurtheilt, dann mögen Sie das thun, vielleicht nach dem todten Buchstaben des Gesetzes. Der Geist aber, der Alles lebendig macht, muß Ihnen sagen: Formell kann man zwar dieses Sätzchen vielleicht von dem geistigen Prozesse trennen, den Biron in sich führte, als er nach langem innern Kampfe aus der römischen Kirche austrat; allein psychologisch fällt es mit demselben genau zusammen, so daß es Unrecht wäre, im 19. Jahrhundert ein Beispiel statuiren zu wollen, wie zwar Jesuiten die Freiheit haben, einen, der gegen sie auftritt, in der fanatischsten Weise zu verläftern; daß aber letzterer nur unter der Bedingung von seiner Glaubens- und Gewissensfreiheit Gebrauch machen kann, daß er sich entweder wie Jesus von seinen Gegnern stillschweigend verhöhnen lassen, oder falls er seinen Mund aufthut, sich vom weltlichen Gerichte in strafgerichtliche Prozesse gezogen sehen will.

Auch in früheren Jahrhunderten hat die Kirche die Ketzer suspendirt und excommunicirt, und die weltlichen Gerichte haben sie in Folge dessen „nach den Gesetzen" verurtheilt und verbrannt. Wenn aber ein solches Verfahren noch so sehr dem Wortlaute der damaligen Gesetze entsprochen haben mag, so hat die Geschichte es denn doch gebrandmarkt. Meine Herren! verurtheilen Sie mich, so wird, mag auch darüber jetzt ein Pharisäer spötteln, das Bewußtsein mich trösten, daß die Nachwelt dieses Urtheil mit einem Namen bezeichnet, der der Geschichte des Landes Philipps des Großmüthigen, des großen Vorkämpfers für Glaubens- und Gewissensfreiheit, nicht absonderlichen Glanz verleiht.